小学生德育系列

法治教育进校园

主编 黄莹

WUHAN UNIVERSITY PRESS
武汉大学出版社

图书在版编目(CIP)数据

法治教育进校园/黄莹主编.—武汉:武汉大学出版社,2022.6
小学生德育系列
ISBN 978-7-307-23109-2

Ⅰ.法…　Ⅱ.黄…　Ⅲ.社会主义法制—法制教育—教学研究—小学　Ⅳ.G623.102

中国版本图书馆 CIP 数据核字(2022)第 088609 号

责任编辑:李　玚　　　责任校对:汪欣怡　　　版式设计:韩闻锦

出版发行:**武汉大学出版社**　　(430072　武昌　珞珈山)
　　　　　（电子邮箱:cbs22@ whu.edu.cn　网址:www.wdp.com.cn）
印刷:武汉邮科印务有限公司
开本:720×1000　1/16　印张:17.5　字数:265 千字　　插页:2
版次:2022 年 6 月第 1 版　　2022 年 6 月第 1 次印刷
ISBN 978-7-307-23109-2　　定价:69.00 元

小学生德育系列
编委会

序

自 2016 年秋季开始，义务教育小学《品德与生活》《品德与社会》和初中年级《思想品德》教材统一更名为《道德与法治》。这是国家重视提升青少年道德修养和法治素养的具体体现，是全面贯彻党的教育方针"将法治教育纳入国民教育体系，从青少年抓起，在中小学设立法治知识课程"的必然要求，是国家对德育学科所赋予的新的意义和历史使命。

在新教材投入使用期间，许多一线教师和教研员都很迷茫："法治进教材只是对青少年进行法治教育的第一步，今后如何在核心素养教育的大背景下开展好课堂教学中的法治教育？我们都不是法律专业的教师，怎样在课堂教学中实现法治与德育的有机结合，更好地落实法治教育？在教学实践中要做哪些改进，才能实现法治教育的目标？如何发挥学校法治教育的主阵地，加强小学生法治意识的培养，提升学生道德与法治课程核心素养？"

本书是由武汉市洪山区教育科学研究院教研员黄莹带领的道德与法治骨干教师研究团队针对以上问题，围绕"小学道德与法治课程中基于核心素养落实法治教育课堂教学的策略研究"主题，依托全区一线教师，与全区品德课程教研并轨，通过研究积累的丰富的研究案例成果。本书旨在通过案例分析、经验总结、理论探索、社会实践，指导区一线教师明确道德与法治的学科性质，深入挖掘教材意义，提高对课程的系统认识，提升道德与法治教师队伍的专业素养，有效落实课堂教学。同时，希望本书能在破解法治教育不够贴近小学生生活、流于形式、缺乏体验感悟、教学实效性差等问题上为老师们提供实施思路及方法，区域学校能借鉴本书提供的系列专题的校园及社会实践活动，在普及法律知识的基础上，努力将理论学习转化为社会实践，让孩子们在生活中学法、守法、用法，做合格的小公民。

书稿从 2019 年开始筹划编写，历时两年，于 2021 年 12 月底完成，离不开武汉市洪山区教育局领导的大力支持，离不开洪山区广埠屯小学湖工分校、洪山实验小学、洪山区广埠屯小学和平分校等实验基地的积极参与和实践，在此对洪山区道德与法治学科研究团队所有老师付出的辛劳，致以崇高敬意和衷心感谢！

希望本书的推出，能够为新时代小学道德与法治课程落实和推进做出一些贡献。

叶　芳

武汉市洪山区教育科学研究院院长，特级教师

目　录

理　论　篇

实　践　篇

理 论 篇

"小学道德与法治课程中基于核心素养落实法治教育课堂教学的策略研究"开题报告

武汉市洪山区教育科学研究院　黄莹

一、问题的提出、课题的界定和理论依据

(一)问题的提出

"法治教育"从字面上理解,就是"法治"的教育,即通过对公民进行有目的、有计划、有组织的"依法治国"方略的宣传和教育,培养和发展公民的法治意识及用法治意识指导自己行为的一种活动,包括对公民法治的思想、法治的原则、法治的制度、法治执行过程的多方面教育。就"小学法治教育"而言,是指将我国义务教育阶段的小学生这个特殊群体作为法治教育的主体,并对其进行权利与义务、公平与正义、规则与秩序等方面的教育过程。目的是立足儿童日常,通过儿童能够接受的方式方法呈现法治教育内容,在常规活动体验以及各种交往互动中,普及中小学生的法律知识,培养民主观念、法律意识,树立法治理念,进而使小学生真正做到学法、懂法、守法与用法,使之在必要时运用法律武器来维护自身的合法权益。

党的十八届四中全会就指出"全面依法治国",十九大在"新认识、新定位、新布局、新突破"四个方面进一步阐述,说明我国正向着法治国家、法治政府、法治社会一体化建设的方向大迈进。为贯彻落实党的十八届四中全会关于在中小学设立法治知识课程的要求,从 2016 年起,将义务教育小学和初中

年级《品德与生活》《品德与社会》《思想品德》教科书名称统一更改为《道德与法治》。对课程目标、课程结构、课程内容、课程实施、课程评价、课程管理等六个方面都做了明确具体的规定。一方面，教科书更名与"法治"课程的设置在一定程度上凸显了法治教育的重要性及国家的重视程度；另一方面，在课程内容的相关设置中也增加了法治教育的渗透和强化，更为重要的是可以发挥课程教育在青少年法治教育中的主要作用。显而易见，国家法治化、建设法治社会、创建法治校园，小学生是不可忽视的重要力量。2016 年教育部做出工作部署：在全国颁布《青少年法治教育大纲》(以下简称《大纲》)，要求《大纲》的内容增加和融入德育教材，义务教育阶段德育课程全部更名为"道德与法治"，成为了学生法治教育的主要载体。虽然实施了这一举措，但法治进教材只是对青少年进行法治教育的第一步，今后如何在核心素养教育的大背景下开展好课堂教学中的法治教育？不具有法学专业背景的教师面对全面铺开的"道德与法治"课程，怎样充分发挥其德育课程的优势，在基于核心素养的课堂教学中实现法治与德育的有机结合，更好地落实法治教育？有哪些好的策略研究可以收到更好的道德与法治课堂教学效果？

　　综上所述，本项目提出的"小学道德与法治课程中基于核心素养落实法治教育课堂教学的策略研究"，就是在小学"道德与法治"课程中以问题解决过程串联起指向素养的不同课堂教学形态的设计重构，依托一线教师，与全区品德课程教研并轨，力图通过研究，积累丰富的研究案例。通过实践探索，指导区一线教师明确学科性质，深入挖掘教材意义，提高课程系统认识，提升教师专业素养，有效落实课堂教学。同时，力争通过案例分析、经验总结、比较提炼、理论学习等手段破解法治教育不够贴近小学生生活、流于形式、缺乏体验感悟、教学实效性差等问题。

　　(二)课题的界定

　　从国家层面来看，核心素养就是学生在接受相应学科的教育过程中，逐步形成的适应个人终生发展和社会发展需要的必备品格和关键能力。从学科层面来看，部编版《道德与法治》里的学科核心素养，是指"当个体(这里一般指学生)在复杂的、不确定的生活情境中，能够综合运用特定学习方式所孕育出来的(跨)学科观念、思维模式和探究技能，结构化的(跨)学科知识和技能，以及世界观、人生观和价值观在内的动力系统，在分析情境、提出问题、解决问题、交流结果过程中表现出来的综合性品质和关键能力"。

小学法治教育从内容上来说应包括三个方面，即普及法律知识、提高法律运用能力和培养法律意识。作为小学生法治教育的初级目标，普及法律知识是小学法治教育工作的重点。提高法律运用能力是中小学生法治教育的中级目标，即在普及法律知识的基础上，将理论学习转化为实践。培养法律意识是实现中小学生法治教育的高级目标。

"道德与法治"是一门全面贯彻社会主义核心价值观，以《课程标准》和《青少年法治教育大纲》为依据，以宪法精神为主线，以增强规则意识、程序意识、诚信意识、责任意识为重点，以实现了解法律知识、理解法律功能、树立法治理念、引导行为选择、提高道德修养的育人目标的综合课程。

课堂教学策略是教师素质结构、教学工作内容的重要组成部分，也是全面提高教学效益、促进教育教学改革和发展的重要因素；教师的教学策略水平的高低，直接影响到其教学质量的优劣；课堂教学策略又是教育技术学的最核心内容——教学设计的重要组成部分，而教学设计中的教学策略模块是教学设计理论中发展最快、最活跃的研究领域。

本课题落实党中央决策部署，把握教育系统意识形态观，提升义务教育质量奠基工程；基于核心素养，站在"立德树人"的高度看待研究工作；为儿童的终生长远视角看待法治教育；落实法治教育实践策略研究为主导，探寻有效性的研究。

(三)理论依据

本课题以统编小学"道德与法治"课程为研究载体。在课程更名以及教材内涵着重增加了法律内容的改革背景下，基于核心素养课堂上的法治教育教学的策略为主要研究对象，突出探索如何综合多种生活角度进行多维度法律教育，探索从法律教育的角度进行间接德育的途径等内容。

1. 皮亚杰的认知发展理论

皮亚杰理论的焦点是个体从出生到成年的认知发展的阶段，他认为认知发展不是一种数量上简单累积的过程，而是认知图式不断重建的过程。皮亚杰认为，影响儿童认知发展的主要因素是：成熟，物理环境，社会环境以及具有自我调节作用的平衡过程。这四个因素都是认知发展的必要条件，但它们本身都不是充足条件。

2. 涂尔干的道德教育理论

爱弥尔·涂尔干是法国的教育社会学家，他毕生都致力于教学、研究和著述工作中涂尔干的教育学，教学不单单是以教育学为核心的学科活动，更是一种现代意义上的理性实践的尝试。涂尔干认为道德的要素主要有三个：纪律精神、对社会群体的依恋、知性精神。

二、国内外研究现状

（一）国内研究现状

道德与法治教育，早在两千多年前的春秋战国时期已有雏形。中华人民共和国成立后，国家加强了对道德与法治教育的研究。研究的主要精力是在国家治国方略方面，在教育界主要重在大学生思想品德教育方面，小学法治教育一直处于"薄弱位置"。在"中国知网"官网上输入"核心素养""小学道德与法治""法治教育"关键词进行搜索发现：从 2016 年义务教育小学《品德与生活（品德与社会）》和初中《思想品德》教材统一更名为《道德与法治》后，青少年法治教育内容的系统构建、教育教学方法创新、专职教师培养、建立科学评价体系等方面的研究，才开始呈现蓬勃态势，广大一线教研人员才开始重视。

梁华迅在《浅谈如何在初中思想品德课教学中渗透法制教育》一文中强调，对学生进行有效法治教育的前提有两个：一是任课教师自身的法律知识要丰富；二是根据教学的实际需要，将法治内容渗透到其他学科的教学中。同时，吴丹以及闫玉芳等学者也分别在《思想品德课教学中渗透法制教育的探索》和

《浅议初中思想品德课中法制教育的渗透》中提到了采用渗透式教学法的观点。这种将法治教育内容通过其他各门学科化整为零地实施开来的方法，有利于学生在各门课程中分类学习各种法律知识，可以加深他们对所学法律内容的深刻理解。

杨梦姣在《思想品德课教学中法治教育研究》一文中介绍到，进行法治教育可以采用体验式教学法，如情境教学法和案例教学法。情境的引入能使学生身临其境、置身其中，能激发学生的学习兴趣，提高学习的积极性和主动性。但要注意情境的设置，要根据教学内容，避免流于形式。林海榕在《案例教学法在大学生法制教育中的作用研究》中指出虽然法律的学习比较枯燥，通过案例的设置很容易将学生带入法律情景和氛围，但作者也指出，如果选取的案例反映问题不明了或运用得不好，最终还会影响到教学效果。

通过以上对教学方法的研究不难看出，大多学者提倡改变传统的教学法，改为体验式教学法或其他有助于提高学生学习兴趣的教学法，但是无论哪种教学法的使用都必须结合教学和学生的实际，避免教学法的滥用或失用。

（二）国外研究现状

国外大多数国家将"法治教育"归于"公民教育"范畴，以美国为例，律师协会（1977）出版的关于中小学法治教育的系列书籍有：《法治教育的影响》《法治教育开展指南》《治教育课程原则》《美国法治教育基金项目指导手册》《教师实施法治教育指导手册》等，从专业法律角度为美国法治教育的实行体系奠定了基本框架，将笼统的公民教育发展为独立的法治教育体系，内容划分为六个方面：（1）法律的概念和功能，法律的制定、实施和修改等；（2）法治精神，如自由、平等和公正等；（3）法律与人、与社会的关系；（4）公民的权利和义务；（5）权威，如政府、司法机关和立法机关等；（6）美国国家奠基性法律文本，如《美国宪法》《独立宣言》和联邦党人文集等。学生在课堂上通过学习法学概念、模拟法庭角色，把自己掌握的法律知识运用到社区的日常事务。尊重儿童认知规律，法治教育内容贴近并回归学生的生活世界。

通过对国外法治教育的文献总结发现，国外的法治教育开展较早，在学术研究方面多结合案例实证研究。总之，无论是古代崇尚法治的国家还是现代意义上的法治国家，都有一个共同点：重视法治教育，公民的法律素质普遍较高。

综上所述，国内外关于法治教育，有所不同：国外侧重于内容的研究，倾向于公民教育；而国内对于法治教育的起步较晚，而且主要是初中，小学法治教育特别是教学策略的研究几乎是空白。

三、选题意义和研究价值

(一)选题意义

我国各界对于中小学法治教育的研究尚处于不成熟阶段，虽然从普法行动开展至今已有几十年，但对于以核心素养为基础、在小学课堂上法治教学的策略学术研究并不是很成熟，空白地带多，内容不够完善深入。

(二)研究价值

本课题以《道德与法治》新教材研究为平台，彰显教学研究特色，以落实法治教育为研究重点，通过国内外法治教育发展的经验比较，直奔重点定位课堂教学。为中小学有效推进法治教育提供有效路径与方法研究。

(1)研究过程与洪山区品德课程教研并轨，依托一线教师，通过实践探索，深入挖掘教材内涵，提高课程系统认识，提升教师专业素养，有效落实课堂教学。

(2)通过理论学习、案例分析、经验总结、比较提炼等手段，形成论文、案例成果集，为着力落实法治学校建设提供成果实践参照。

(3)通过研究为提高小学生核心素养寻找方式方法。如何使小学生对法治学习有兴趣，积极主动地接触法治教育，是法治教育获得最佳结果的关键。依据小学生的身心特点，设计符合其群体特征的法治教育途径。

四、研究目标与内容、研究重点及创新点

(一)研究目标

(1)通过课题研究,找到在课堂教学上渗透法治教育的策略,落实《青少年法治教育大纲》,提高学生知法、懂法、守法意识,在提升学生法治意识的同时,提高教师、家长的法治意识。

(2)通过课题研究,提升教师专业水平,提高教师课题研究能力。

(3)通过课题研究,规范道德与法治课堂评价体系与框架,做到科学性、合理性、可操作性。

(二)研究内容

(1)收集整理小学道德与法治课程中相关的法制和要点。(黄莹,杨茜)

(2)小学道德与法治课程中基于核心素养落实法治教育课堂教学设计的研究。(张莎莎,汤黎)

(3)小学道德与法治课程中基于核心素养落实法治教育课堂教学模式的研究。(陈红兰,鲁彩雯)

(4)小学道德与法治课程中基于核心素养落实法治教育课堂教学中评价标准、方式的研究。(刘会,李荣燕)

(三)研究重点

"基于核心素养的小学道德与法治课堂落实法治教育实施途径与方法的研究"的研究内容将是本课题研究的重点。以课堂实践为阵地,以案例、课例开发作为主要研究方法,一方面将积累大量的教学实例成果,总结教学法,总结教学规律。另一方面通过评价研究可以检验研究方向可行性、科学性。此子课题需要大量一线教师的参与,洪山区教科研与试点学校相互促进也成为课题研究的一大特色,为切实推进课堂教学有效性研讨提供保障。

(四)创新点

就目前国内关于中小学法治教育的研究来看，无论从数量上还是质量上都有很大发展空间，尤其是在小学法治教育的途径和方法研究方面，可取资料少之又少。基于核心素养，进行小学道德与法治课程研究，充分体现了本课题研究者对国家人才培养方向的敏感认知，注重学生综合素养的育人策略研究，以核心素养为主体渗透在课堂教学中是本课题的创新点。

五、研究思路与方法

(一)研究思路

本课题基于核心素养以培育学生的国家观念、规则意识、诚信观念以及遵纪守法的行为习惯为重点。在落实法治教学实施途径与方法的研究中，要充分彰显课程的活动性特征，教法上突出"体验式"教学，在一定的教学情境中，激发引导学生亲自感知、领悟，从中获得知识和情感。尊重学生的认知规律，借鉴国外的法庭体验、互动辩论等手段丰富体验。联系实际，在生活中体验，在活动中体验，在评价中体验。形成操作指导的教学特有模式，便于一线教师组织推进。

关于课堂教学评价体系研究，要与课程改革学科评价相统一。教学目标的达成评价要变重知识掌握为重能力提升；教学过程的评价要变教师教为学生学；教学结果的评价要变结论性评价为过程性评价。

为做好这个课题，我们的思路如下：

(1)邀请专家，每月至少进行两次跟踪指导。

(2)进行大量的文献研究，了解课题相关的文献资料。

(3)发挥科研团队的力量，组织各级各类研讨活动，撰写案例论文，搜集素材，丰富课题的内涵发展。

（二）研究方法

1. 文献研究法

梳理当前国内外相关研究状况，查阅相关书籍做基础概念铺垫，对相关的政策文件、法律法规、制度规章等进行分析，完善理论基础。

2. 行动研究

针对一定研究阶段中的关键问题、难点问题采用行动研究予以突破。在研究总结阶段拟用叙事研究回顾研究历程、总结基本经验和策略。

3. 案例研究法

通过实践探索与研究，不断总结教师和学生在课堂法治教学活动中整体素养提高的典型教学案例，进行不断的反思、验证，达到进一步的推广应用，每次课堂活动做到有记录、有反馈、有总结、有提高。

4. 经验总结法

对在实践中搜集的材料全面完整地进行归纳、提炼，进行分析，得出能找到教学策略的途径，确定具有普遍意义和推广价值的方法。

六、研究步骤及课题保障

（一）研究步骤

1. 第一阶段：研究准备阶段（2019 年 6 月—2019 年 10 月）

（1）成立教科研中心研究组。

（2）查阅资料，进行理论学习。

（3）制定教研方案，请专家进行课题可行性论证。

2. 第二阶段：研究实施阶段（2019 年 11 月—2021 年 3 月）

（1）充分利用杂志、报纸、专家的指导进行理论学习研究，进一步进行基于核心素养法治教育课堂教学的策略研究与探讨。

(2)定期召开阶段成果汇报，进行经验交流。

(3)收集各项各类资料，形成小学"道德与法治"课堂教学评价办法。

3. 第三阶段：成果总结阶段(2021年4月—2021年6月)

(1)由经验上升为理论，推而广之。

(2)汇集、归类、整理成果。

(3)撰写研究报告、结题评审。

(二)课题保障

本课题有很好的经验基础和较强的研究力量。课题组主持人是武汉市洪山区教育科学研究院教研员，课题组成员有特级教师、武汉市学科带头人、洪山区学科带头人、洪山区优秀青年教师、洪山区道德与法治中心备课组成员，有着丰富的实践经验、一定的理论素养和课题研究工作经验。同期课题组的成员积极参加最前沿的教材教法培训，逐步形成了自己对于本学科法治教育的一定思考，了解最前沿的学科动态，奠定了课题研究强大的理论支撑。

一直以来，洪山区道德与法治学科定期开展的学术交流及研讨活动，也建立了良好的教学研究氛围。为了促进学术交流，注重培养教师专业成长，洪山区品德教研还注重实验学校的定点、跟进……为课题的研究创造了良好的条件，并曾完成较高层次的本学科相关研究工作，课题研究成果丰硕，研究水平一直处于武汉市领先地位。作为区级教学科研部门，能够保证课题研究的时间等方面的支持，有完善的科研管理机制作保证。部门领导和各级行政部门对未成年人思想道德建设的高度重视，国家对于学生社会主义核心价值观培养的力度也为本课题研究增加了动力。

本课题研究将历时两年，在前期准备阶段，希望通过严谨细致的立项论证及子课题定向。在研究的主体阶段，将进行大量的常规课堂实践以及典型课例研究。预想在研究过程中，提升资料收集及成果整理的意识，边研究边总结，边提炼边实践检验，以提升研究成果水平。

七、成果形式

(1)课题研究报告。

(2)研究论文专辑。

(3)各级研究展示课。

(4)其他(如学生实践活动,案(课)例集)。

(5)附课题组成员名单:

组　长:黄莹

成　员:陈钢、胡琛、邓丽、何丹、李荣燕、刘会、张莎莎、陈红兰、鲁
　　　彩雯、杨茜、汤黎

(6)实验基地学校:洪山实验小学,广埠屯小学湖工分校,广埠屯小学和
平分校。

参考文献

[1]周承丁.整合教材发挥高中思想政治课的法治教育功能[J].思想政治课研
究,2015(05):98-99,103.

[2]梁华迅.浅谈如何在初中思想品德课教学中渗透法制教育[J].教育教学论
坛,2014(31):257-258.

[3]吴丹.思想品德课教学中渗透法制教育的探索[J].焦作师范高等专科学校
学报,2011,27(02):87-88.

[4]闫玉芳.浅议初中思想品德课中法制教育的渗透[J].教育教学论坛,2011
(33):110,104.

[5]杨梦姣.思想品德课教学中法治教育研究[D].石家庄:河北师范大
学,2016.

[6]林海榕.案例教学法在大学生法制教育中的作用研究[J].黑龙江教育学院
学报,2010,29(12):50-52.

[7]中华人民共和国教育部制定.品德与生活课程标准[M].北京:北京师范

大学出版社，2011：1.

［8］教育部司法部全国普法办关于印发《青少年法治教育大纲》的通知．中华人民共和国教育部政府门户网站．http：//www. moe. gov. cn/srcsite/A02/s5913/s5933/201607/t20160718_272115. html.

［9］当教育指向核心素养［N］．人民日报，2016-11-24(17).

［10］朱小蔓．义务教育道德与法治教师教学参考用书(一年级上)［M］．杭州：浙江教育出版社，2016：3.

［11］张紫屏．基于核心素养的教学变革［J］．全球教育展望，2016(7)：3-13.

［12］何玲．浅谈如何在道德与法治教育课程中渗透核心素养培养［J］．新课程，2018(4).

［13］谢八声．如何提高小学生道德与法治教学的有效性［J］．新课程研究，2009(02)：73-74.

［14］宋秉儒．初中道德与法治课教学评价探究［J］．新课程，2009(1)：75-76.

［15］郎晓波．新时代中国特色社会主义社会治理体系的逻辑框架及战略方向［J］．理论导刊，2018(2).

"小学道德与法治课程中基于核心素养落实法治教育课堂教学的策略研究"中期汇报

时间：2021 年 12 月

立项号	2019JB258	课题名称	小学道德与法治课程中基于核心素养落实法治教育课堂教学的策略研究
负责人	黄莹	负责人所在单位	洪山区教育科学研究院

<table>
<tr><td rowspan="2">课题研究进展情况</td><td colspan="3">

一、课题简介

（一）课题由来

    针对 2016 年教育部做出工作部署：在全国颁布《青少年法治教育大纲》（以下简称《大纲》），要求《大纲》的内容增加和融入德育教材，义务教育阶段德育课程全部更名为"道德与法治"，成为了学生法治教育的主要载体。虽然实施了这一举措，但法治进教材只是对青少年进行法治教育的第一步，今后如何在核心素养教育的大背景下开展好课堂教学中的法治教育？不具有法学专业背景的教师面对全面铺开的道德与法治课程，怎样充分发挥其德育课程的优势，在基于核心素养的课堂教学中实现法治与德育的有机结合，更好地落实法治教育？有哪些好的策略研究以达到更好的"道德与法治"课堂教学效果？
</td></tr>
</table>

综上所述，本项目提出的"小学道德与法治课程中基于核心素养落实法治教育课堂教学的策略研究"，就是在小学"道德与法治"课程中以问题解决过程串联起指向素养的不同课堂教学形态的设计重构，依托一线教师，与全区品德课程教研并轨，力图通过研究，积累丰富的研究案例。通过实践探索，指导区一线教师明确学科性质，深入挖掘教材意义，提高课程系统认识，提升教师专业素养，有效落实课堂教学。同时，力争通过案例分析、经验总结、比较提炼、理论学习等手段破解法治教育不够贴近小学生生活、流于形式、缺乏体验感悟、教学实效性差等问题。

(二)课题的界定

核心素养就是学生在接受相应学科的教育过程中，逐步形成的适应个人终生发展和社会发展需要的必备品格和关键能力。

部编版《道德与法治》里的学科核心素养，是指"当个体(这里一般指学生)在复杂的、不确定的生活情境中，能够综合运用特定学习方式所孕育出来的(跨)学科观念、思维模式和探究技能，结构化的(跨)学科知识和技能，以及世界观、人生观和价值观在内的动力系统，在分析情境、提出问题、解决问题、交流结果过程中表现出来的综合性品质和关键能力"。

本课题落实党中央决策部署，把握教育系统意识形态观，提升义务教育质量奠基工程；基于核心素养，站在"立德树人"的高度看待研究工作；为儿童的终身长远视角看待法治教育；落实法治教育实践策略研究为主导，探寻有效性的研究。

(三)研究目标

(1)通过课题研究，找到在课堂教学上渗透法治教育的策略，落实《青少年法治教育大纲》，提高学生知法、懂法、守法意识，在提升学生法治意识的同时，提高教师、家长的法治意识。

（2）通过课题研究，提升教师专业水平，提高教师课题研究能力。

（3）通过课题研究，规范"道德与法治"课堂评价体系与框架，做到科学性、合理性、可操作性。

（四）研究内容

（1）收集整理小学"道德与法治"课程中相关的法制和要点。

（2）小学"道德与法治"课程中基于核心素养落实法治教育课堂教学设计的研究。

（3）小学"道德与法治"课程中基于核心素养落实法治教育课堂教学模式的研究。

（4）小学"道德与法治"课程中基于核心素养落实法治教育课堂教学中评价标准、方式的研究。

二、研究进展

自课题立项以来，研究工作就在有条不紊地按计划进行着。课题负责人黄莹老师将课题组进行了分工，四个子课题由四位核心成员牵头，在三个实验基地学校同时开展，大家采用收集、观察、调查、讨论、参观、访问、交流等多种方式，以活动为核心组织教学，研究活动设计，创建活动模式，完善活动评价，为学生提供充分的课堂实践机会，鼓励学生积极参与，让学生在活动中充分发挥主体性、创造性，使其各方面素质得到和谐发展。

具体工作如下：

(一)课题研究进度安排

第一阶段：2020 年 1—2 月，收集整理小学"道德与法治"课程中相关的法治知识要点。

第二阶段：2020 年 3—4 月，学习相关的理论，了解研究动态。通过调查访谈，了解洪山区"道德与法治"课堂教学情况。

第三阶段：2020 年 5 月—2021 年 11 月，讨论、交流，拟订可持续发展的研究报告。

(二)课题的研究情况

1. 学习了相关的理论，了解了研究动态

课题组的老师认真学习了新课程标准、心理学理论、皮亚杰的认知发展理论、法国的教育社会学家爱弥尔·涂尔干的道德教育理论、陶行知的生活教育理论、叶圣陶先生的生活教育思想、现代教育理论，努力吸取各种教育思想的优势，学习各种教学方法策略，借鉴各种教学模式，探寻多样的教学评价，吸取精华，为我所用。

充分利用杂志、报纸、专家的指导进行理论学习研究，进一步进行基于核心素养法治教育课堂教学的策略研究与探讨。

2. 展开了问卷调查，撰写调查分析

2020 年 3 月，通过对教师以及学生进行"小学道德与法治课堂中有效教学模式研究"问卷调查，将问卷调查结果进行归纳总结，可以看出：

(1)(教师)调查结果与分析。

①教学模式不是唯一的，教师要根据教学内容有目的地选择不同的教学模式，激发学生的自主探索欲望主动地进行教学活动。

②良好的课堂模式需要真正实现生生合作，首先要让学生掌握

一定的合作技能，这是进行合作学习的前提条件。学生合作的技能包括：学会倾听；愿意并能恰当地表达自己的观点；学会欣赏别人的优点又能够适度宽容别人的不足等。

③学生喜欢联系生活真实案例来学习道德与法治知识。对于教材里很多内容并不太入心。

（2）（学生）调查结果与分析。

学生有好的现象，主要体现在：

①大多数学生喜欢上这门课。

②大多数学生在老师有课堂情境设计和传授一些学习方法及学习的窍门的课堂教学时，感兴趣。

③学生喜欢从自主体验中获得知识，不希望老师满堂灌。

学生也会存在一些不良习惯。主要是大多数学生能积极思考，但不愿发言，导致缺乏语言表达能力和合作探究能力。

（3）针对发现的问题，分析如下：

①改变传统教学策略固化的思路。

备课时，首先要考虑这节课适合侧重于什么模式来进行，准备安排几个学生的活动，每个活动怎么安排；其次要考虑在活动中教师怎样指导，怎样与学生互动；要考虑在活动过程中，学生可能出现或遇到哪些问题，老师怎样进行调控，怎样评价等；然后把以上安排写出来，作为教师课堂上临场发挥、随机应变的一个基础准备。

②团队分工合作，进行多种教学设计、模式、评价多方位深入探讨，从中寻找最佳教学策略。

③研究有侧重：重点围绕自主体验和生活化课堂进行课例研究、论文探讨等，来寻求有效方法。

④创设积极有效的课堂学习氛围；师生互动，共同参与创造性的活动；精练教学语言设计，使学生的思维处于活跃状态，从而大大提高课堂学习的有效性。

续表

（三）探寻了最佳策略

基于提升核心素养，以教材为依托，从有效的课堂教学设计、课堂教学模式、评价方式三个维度寻求落实法治教育课堂教学的最佳策略。

1. 立足常规，稳中求变

为了践行习近平总书记在"学校思想政治理论课教师座谈会"上的重要讲话精神，我们围绕课题"课堂上落实法治教育教学的策略研究"，立足课堂，理论与实践相结合，每周上好常规课，并及时收集整理老师的教学活动案例，力争从课堂教学设计、课堂教学模式、评价方式三个维度探寻课堂教学的有效策略。给学生的心灵埋下真善美的种子，引导学生扣好人生的第一粒扣子。

2. 聚焦素养，整合提升

根据学生的认知特点，采用多样化的教学模式、方法，注重学生思维能力的培养和正确价值观的引导，充分利用信息技术手段，将多种教育资源进行整合和提升，引导学生自主、合作、探究学习，培养学生的兴趣，提升学生的能力。

3. 贴近生活，激发情趣

重视教学素材的精心选择和使用，依托典型多样的素材，来提高道德与法治教育的实效性，以此大大激发了学生的学习兴趣。

4. 注重体验，巧妙设计

各年级的道德与法治课都较好地体现出主题性和整体性的设计理念。我们在课堂上设计了"演一演""问卷调查""闯关接龙"等活动，分别对应不同的学习任务，层层递进，使学生兴趣盎然；还围绕主题，一案到底，让学生多角度体验探究；并以新闻短视频、学校事件、社会现象为资源，采用多种形式创设系列情景体验活动，让学生感受如何传递正能量、实现理性思维的效果。

5. 课例交流，碰撞生花

2021年11月，武汉市洪山区教科院组织开展以"聚焦学科素养构筑创新课堂模式"为主题的道德与法治教学研讨活动。由小课题成员何苏舒、张莎莎两位老师带来了两节道德与法治课。何苏舒执教的是三年级"安全记心上"，她在构建生活化教学课堂上做了一定的尝试，首先她引导学生回忆生活中自己家长对自己的安全提醒，第一个活动环节再通过身边的案例，感受生命的可贵，在同个小组合作讨论交流生活中的交通事故，分析数据感知安全的重要性。第二个活动，她又让学生回忆生活中出行的方法和注意事项，让学生懂得出行要注意安全。生活模式的教学很好构架起知识与生活的桥梁。

张莎莎执教的是五年级"抗日战争"一课，抗日战争离孩子生活比较遥远，很难激发学生的感受，张老师巧妙尝试了故事情境体验教学模式，如读《罗伯特的日记》体会南京大屠杀带给中国人的悲伤和屈辱，开展"抗日英雄故事会"活动，分享赵一曼和王二小的故事，让学生感受抗日英雄的英勇、伟大，整节课情境与活动体验环环相扣，水到渠成。让大家感受到"知识是美丽的，学习是快乐的"。

道德与法治课学教研员黄莹老师和学科带头人邓丽就两位老师的课程进行了点评：肯定了授课教师自身的业务能力和专业素养，能够发现学生回答的亮点，评价形式多样，及时有效；教学模式的尝试别出心裁、由浅入深、层层递进；课堂活而不乱，学习效果明显。同时建议授课教师可以通过对课堂生成问题的深入挖掘和引导，提升学生的思辨能力，促使学生形成正确的价值观，用思想滋养学生的心灵，使课堂更有深度，让学生内化于心、外化于行，真正达到教育的目标。

6. 辐射引领，共同进步

课程研究期间，本课题组成员作为洪山区道德与法治备课组的核心成员，多次承担主题交流、教材教法讲座、送教下乡、参与编写教材、设计作业等各级专业研讨活动，起到良好的辐射引领作用。

三、阶段性研究成果

(一)子课题"小学道德与法治课程中基于核心素养落实法治教育课堂教学设计的研究"研究成果

1. 建构了学生四点法治素养

(1)知识。

法治知识主要包括学生"对国家法治现状的认知、对法治本质的认知、对法治功能的认知"。在小学阶段，涉及《宪法》《刑法》《民法》《义务教育法》《未成年人保护法》《广告法》等多部法律法规。例如《道德与法治》教材六年级上册中"宪法是根本法"，让儿童初识《宪法》，了解《宪法》的法律地位、《宪法》权威等基本知识，培养法律意识。

(2)思维。

在学习中，重要的不是追求答案和结论，而是思维展开的过程以及思维品质的养成。有学者认为，小学阶段法治思维相关意识主要包含法治规则意识、责任意识、权利意识、平等意识、契约意识、民主意识。例如《道德与法治》教材四年级上册中"网络新世界"中包含海量的网络信息，教师应引导学生用"法"去思考网络信息是谁提供的，是否有权威性和公信力，网络信息想传递给我们什么，是事实还是观点，教师适当剖析问题，在辨析讨论中提升学生的法治思维。

(3)行动。

作为未成年人的青少年，应心中有法，行中依法，敬仰法律，推崇法律，能以法治思维去选择和行动，参与到社会生活中的公共事务。法治行动包括课堂上的"情景剧""小辩论""模拟小法庭"等趣味性的实践活动，也包括在学校、社会中的参与行动。例如《道德与法治教材》一年级上册中"上学路上"，融合了生活场景来传递交通规则的内容，通过"前法律教育"促进学生自觉遵守行为规则。

（4）信仰。

学生在学校中遵守校纪班规，在社会上遵守公共规则，在自己的合法权益受到伤害时，能够用法律的武器维护自身合法权益。公民相信国家的法治建设正逐步走向健全完善，从而树立个人的法治信仰。值得注意的是，教学中要关注到权利和义务的双向意识，否则课程中，过度强调守法意识、预防犯罪的意识，会让学生一提到法治，就想到惩罚判刑，从而畏惧法律，也不可能形成法治信仰。例如《道德与法治》教材六年级上册中"我们受特殊保护"，介绍国家为未成年人制定了专门法律，给予全方位的保护，教学中，教师应关注到小学生的未成年人权利，充分利用《中华人民共和国义务教育法》等让学生体悟到法律保护下的健康成长。

2. 小学道德与法治课程教学设计需追求法教互通

小学道德与法治课程的特点，是将法治教育与道德教育相结合，注重以良法善治传导正确的价值导向，把法律的约束力量与道德教育的感化力量紧密结合，注重从生活实际出发，突出道德教育的引导，力图让学生体会到法律的保护和温暖，实现法治的育人功能。横向拓展与纵向上升相结合。

（二）子课题"小学道德与法治课程中基于核心素养落实法治教育课堂教学模式的研究"研究成果

1. 创建生活化课堂教学模式

（1）创设生活化氛围课堂。

小学道德与法治是以儿童生活为线索架构的，将道德教育渗透在儿童的生活过程之中，我们在课堂教学中有必要与实际生活结合起来，引导学生观察、关注身边的新鲜事，直面社会的热点问题，让生活走进课堂，让教材适应生活，润物细无声地对学生进行法治教育，从而学会做人、学会做事、学会生活。

(2)以丰富案例，拓展生活化教学。

小学生年龄还比较小，还不适宜用讲解法律条文的形式来传授法律知识。案例是人生叙事，具有震撼心灵的教育意义，在小学道德与法治课程中我经常融入一些案例，不仅能够活跃课堂教学气氛，还能够充分调动学生的学习热情，而且通过让学生直接面对法律事实，展示案例，分析案例，带着问题学习法律知识，可以使学生轻松地获取法律知识，有效地激发他们学法、用法的兴趣。

另外，现实是活生生的教材，课上引导学生关注时事，关注社会生活中普遍关心的问题，特别是近期的焦点新闻内容，课上组织学生谈谈灾难的源头，并说说各自预防的措施，通过一系列的事件探究活动，进一步教育学生明辨是非，对国家和人民负责，初步形成正确的人生观和价值观。

(3)拓展延伸，课后习题生活化。

道德与法治课程非常重视儿童的生活体验，课堂只是教师指导学生体验生活的一部分，更重要的是指导学生将课堂上学到的知识延伸到课外，体验在日常生活中做一个负责任、有爱心、讲道德的孩子。这种延伸可以在课前也可以在课后。例如，二年级《道德与法治》上册第10课"我们不乱扔"，我们可以通过图片展示、创设情景、讲故事等教学方法让学生知道在公共场所不能乱扔垃圾，乱扔垃圾是违反场所管理规定的，并会受到批评或处罚。我们可以布置课后作业：调查自己家附近的公共场所的管理规定是否有关于讲卫生方面的内容，如果违反了规定会做出什么处理？下一节课时向全班学生做汇报。就这样，把道德与法治课堂向校外做了有效的延伸，进一步培养了学生的规则意识，提升学生的道德修养，从小培养学生的法治精神。

品德即生活，小学道德与法治课程生活化教学就必须要从学生生活元素入手，分析学生特征，挖掘学生兴趣点等。教师还要依据实况制订合理教学法，提高学生理解程度，提高学生学习的积极性和主动性。不但要课堂上生活化，在课后作业中也应该融入生活化概念，通过课上课下两条线推动道德与法治生活化模式快速发展。

2. 构建自主体验式课堂模式，情境活动中培养德性

在开展小学道德和法治教学的过程当中，采取设置生活情境的方法，让同学们在课堂上感受道德和现实生活之间的关系，充分发挥出情境教学方法的作用，从而加深同学们的情感体验。

(1)创设生活体验情境，将法治教育简易生活化。

小学儿童思维的主要特征是从具体形象思维向抽象逻辑思维过渡的，直接与感性经验相联系，具体形象性的事物最容易让他们接受。小学《道德与法治》教材图文并茂，展现了一个又一个小学生生活的场景，最适合运用情景教学法培养学生的规则意识。

比如四年级下册中"我们当地的风俗"第一个课时"风俗就在我身边"中有一个板块，让学生通过多样的祝寿方式感知现代不同的敬老风俗。我们把教材内容创设了这样一个情境表演活动：爷爷60岁了，我们怎么给他祝寿？让学生小组议一议，然后分小组演一演，展示不同的祝寿方式。这样情境的创设，一下子搭建起了学生直观与感性的联系，全班孩子的积极性调动了起来，想出各种为爷爷祝寿的方法：有的画长寿面；有的唱生日歌；有的画一幅寿桃图；有的还用笔袋当成福袋送给爷爷；还有的给爷爷按摩捶背；有个孩子一个人在旁边模拟煮面，很认真地煮了起码五分钟。通过这样生活情境的创设，学生融入其中，在快乐的学习中，学生了解尊老风俗

续表

的同时，也让学生明白用行动表达孝敬之心是中华民族的传统美德，也是我们每个公民要承担的家庭责任和法律义务。

（2）创设游戏情境，在活动体验中，增加学习兴趣。

小学生因其年龄特点，一般是爱玩爱动，教师要想提高道德与法治课堂的教学质量，就必须考虑到小学生的这一特征，采用符合这一年龄段学生的教学方法，而创设游戏情境是个不错的选择。比如教育学生懂得《宪法》是国家的根本大法，是制定一切法律的依据，是保证建设现代化社会主义强国的强大武器……教师可以从游戏开始教学，把《宪法》比作树妈妈，其他法律《义务教育法》《未成年人保护法》等都是大树妈妈结的果子……看谁摘的果子多！从而在游戏中看哪个小组知道的法律法规多！

（3）创设故事情境，入情入境体验，从而理解生活。

在授课中，教师还可以创设故事情境，通过具体、生动的案例娓娓道来，让学生明白道理，再运用到生活当中。在平常的课堂教学中还可以根据教学内容和实际创设符合小学生年龄特点的其他教学情境。尽量要将相对抽象的法律知识转化为较为具体的案例故事，还能提高学生的学习兴趣，让学生学以致用，让道德与法治教学中的法治教育真正做到从生活中来，到生活中去。

总而言之，要想进一步推动学生成为一个健康发展的人，法治教育一定不能忽略。在社会经济飞速进步的形势下，影响学生身心成长的因素也更加多样，我们作为小学道德与法治教师应当努力寻找多种策略途径，给学生转达积极向上的法治观念，有意识地增强学生的自我保护意识以及规则意识，有效促进学生身心健康成长。

（三）子课题"小学道德与法治课程中基于核心素养落实法治教育课堂教学中评价标准、方式的研究"研究成果

1. 基于核心素养落实课堂评价的育人目标

道德与法治是一门向小学生进行德育与法治教育的课程，强调

续表

学生在活动中感悟、明理、践行。为更好地利用好道德与法治课堂阵地，我们努力开发"成长嘉奖令"评价系统。融合德育管理从孩子们"礼仪""健体""洁净""乐学"评比，到对德育工作进行量化管理、自主管理、数据管理的网络平台，体现每个孩子的进步，更让每个孩子看到他自己的发展潜能。"成长嘉奖令"符合教育规律和孩子挑战自我的心理，着力利用好道德与法治课堂阵地，使教师、家长、学生通力合作，让孩子在感悟、明理、践行中争做新时代好少年。 **2. 基于核心素养落实法治教育课堂教学中的评价有效途径** （1）巧用课堂生成资源，强化道德观念。 每位学生的家长有自己的账号，可通过微信搜索"成长嘉奖令+"添加家长端。家长可以看到自己孩子每日的成长过程及全校学生的整体情况，同时还可每日对自己的孩子进行一次评价，加速孩子的成长。（绑定孩子信息即可登入） （2）组织生生互评互动，丰富评价内容。 组织学生群体互评互动，能够帮助学生更加全面地认知到自己的不足。例如，基于学生认知规律的前提下，组织学生模拟法庭体验及互动辩论等活动，让学生围绕具体法治主题，以辩论的形式评价阐述自己的观点，教师及其他学生则根据该名学生辩词进行全方位的点评。对于学生辩论观点，教师应该重视，多采用积极正面的评价语，对于学生表现好的地方应该给予充分的表扬与肯定，而对于学生表现较差的地方，则应该注意语气委婉，引导学生回顾课本知识，有效指出学生的缺点，以此发挥评价的实效性，从而将教学过程的评价变教师教为学生学，让学生在评价中不断学习、不断提升。 （3）结合生活实际评价，增强评价实效。 小学道德与法治教师在教学过程中应关注学生的心理发展，

增强学生的意志力和耐挫力，结合生活实际评价，在"成长嘉奖令"推行中，除了奖励还设立了相应的惩罚机制。针对学生不良行为设置小警铃，不良行为由轻到重可设置为黄色、橙色、红色小警铃。任何老师给学生设置小警铃后系统自动提示该班所有老师和家长，说明原因，共同教育。遵循"谁操作谁负责"的原则，具体操作由学生向设置小警铃的老师提出消除的申请，由老师和学生、家长达成共识，在一定的期限内，学生若认识到错误并彻底改正，教师可视情况取消警铃。在警铃取消前，所有科任老师及家长无法再对该生授予任何奖章。

例如，黄色小警铃表示课堂不遵守课堂纪律。班主任与家长在线沟通，共同商议解决办法，当天改正可撤销。

橙色小警铃表示学习态度不端正或小错不断。班主任邀请家长来校，共同商议解决办法，当天不可撤销。

法治教育的最终目的是培养学生的法治意识，因此课堂评价应当联系实际，让学生在生活中体验、在活动中体验、在评价中体验，将评价学生学习结果的标准转化为促使学生不断提高的起点。对此，教师可以鼓励学生"走"出课堂，引导学生在生活中留意法律的保护，例如在"权利义务"一课中，教师可以鼓励学生去超市买菜，引导学生了解"付钱—买菜"是必需的过程，帮助学生更容易理解权利和义务之间的联系，除此之外，教师还可以将生活"引"进课堂，通过课堂模拟，让学生了解到日常生活中"假一罚三""消费者权利"等概念，鼓励学生在日常行为中树立起积极守法的意识，帮助学生树立起积极的人生观、道德观与法律观，在学生心中树立起依法治国和公平正义的理念，提高学生分辨是非和守法用法的能力，引导他们做知法守法的合格公民。

四、阶段性研究成果及社会影响

（1）课题组成员在国家期刊发表多篇论文。

（2）课题组成员 2021 年于洪山区进行课题"小学道法课程中基于学生核心素养落实法治课堂教学的策略研究"专题研讨。

（3）课题组承担 2020 年"武汉市思想政治课骨干教师专题培训"。

（4）课题组承担 2019 年武汉市教科院道德与法治学科第一期、第二期"送教下校"任务，示范课两节。

（5）课题组组织 2019—2021 年洪山区道德与法治(低段)教材教法报告。

（6）课题组规划并承担 2020 年疫情期间"停课不停学""小洪空中课堂"道法学科样本课。

（7）课题组承担 2019 年洪山区"小学互联网+道德与法治课堂生态重构"专题研究。

（8）课题组承担 2020 年 10 月"国培计划"市县学科带头人授课专题"说课议课，互动研讨，同步教研"。

（9）课题组 2020 年参与编写人民教育出版社教师网络培训课六年级下册中"4 地球——我们生存的家园"。

（10）课题组成员 2020 年主讲六年级下册中"地球——我们生存的家园"范例课被国家教育部研发录用。

（11）课题组 2020 年参与编写统编版《道德与法治》六年级下册中"教学设计与指导"课例并发行使用。

（12）课题组成员于 2020 年 10 月参与人教版数学教材中"教师网络培训课程项目"六下"多元文化　多样魅力""科技发展　造福人类"两节课的说课与授课。

	（13）课题组成员 2020 年参与统编版《道德与法治》五年级下册中"寒假作业"的编写并发行使用。 （14）课题组承担 2019 年国家教育部"教研共同体协同提升试点"项目面向新疆学生示范课一节。
存在的困难及解决思路	**一、研究过程中存在的困难** （1）开展本课题研究在转变教师的教学观念上取得了较明显的效果，但提高课堂教学效率往往停留在实践层面，策略提炼升华得不够。 （2）2016 年秋全国小学品德教材统一更名为《道德与法治》，这门学科能够学习探讨的相关的理论资料少，所能参考的教学经验也较少。 （3）本课题研究时间短，同时，参与课题研究的人员少，并且大多是班主任，管理班务任务重，平时教学工作任务也多，教师工作头绪多，研究课题的时间有限，都是利用课堂上对课例的实践，从而对有效活动进行研究。没有过多的时间去研读文献提高理论基础，只是在实践中摸索研究。探讨出的优化课堂学习的实践应用模式较少。 （4）针对不同学段的学生的年龄特点，在课堂上"有效活动"设计的梯度不够分明，层次不够清晰。 **二、解决的思路（下一阶段研究计划）** （1）加强研究后的实践应用，在教学实际中检验、提高、提炼。 （2）在课堂教学中以学生为主体设计教学过程，落实教学效果。

	（3）加强学习，提高自身科研能力。 （4）多抽出时间阅读文献，做更多的课程案例，加强理论学习，夯实基础，为课题的研究提供理论依据，将课题的研究更进一步深入。 （5）针对小学低段、中段、高段不同学段的学生进行分层研究，将不同学段的同一类型课程放在一起，进行研究，结合学生的年龄特点设计不同的"活动模式"，找出其中的关系，从而更好地把握课堂。
能否按期结题	能按期结题
专家的指导和建议	该课题旨在通过研究提升学生、教师、家长的法治意识，提升教师专业水平，规范道德与法治课堂评价体系与框架，研究目标明确。研究内容主要从小学道德与法治课程中基于核心素养落实法治教育课堂教学设计、教学模式、评价标准几个方面开展。课题组成员通过学习相关理论，了解了研究动态；以教材为依托，初步探寻提升核心素养下课堂教学设计的研究；初步落实法治教育课堂教学中评价标准、方式的研究。课题组统筹规划各项研究活动，如巧用课堂生成资源，强化道德观念；组织生生互评互动，丰富评价内容；结合生活实际评价，增强评价实效；构建生活化课堂教学模式以及构建自主体验式课堂模式，在情境活动中培养德性。课题组成员承担了专题报告、示范课、教材教法报告、"空中课堂"道法学科样本课等，参与编写了书籍，相继发表了数篇论文。该课题取得了丰富的阶段性研究成果。 建议： （1）阶段性研究成果需要进一步总结。 （2）进一步提炼课堂教学上渗透法治教育的策略，回应研究目标的完成情况。

"小学道德与法治课程中基于核心素养落实法治教育课堂教学的策略研究"结题报告

武汉市洪山区教育科学研究院　黄莹

一、问题的提出

"法治教育"从字面上理解，就是"法治"的教育，即通过对公民进行有目的、有计划、有组织的"依法治国"方略的宣传和教育，培养和发展公民法治意识及用法治意识指导自己行为的一种活动，包括对公民法治的思想、法治的原则、法治的制度、法治执行过程的多方面教育。就"小学法治教育"而言，是指将我国义务教育阶段的小学生这个特殊群体作为法治教育的主体，并对其进行权利与义务、公平与正义、规则与秩序等方面的教育过程。目的是立足儿童日常，通过儿童能够接受的方式方法呈现法治教育内容，在常规活动体验以及各种交往互动中，向中小学生普及法律知识，培养其民主观念、法律意识，树立其法治理念，进而使小学生真正做到学法、懂法、守法与用法，使之在必要时运用法律武器来维护自身的合法权益。

党的十八届四中全会就指出"全面依法治国"，十九大在"新认识、新定位、新布局、新突破"四个方面进一步阐述，说明我国正向着法治国家、法治政府、法治社会一体化建设的方向大迈进。为贯彻落实党的十八届四中全会关于在中小学设立法治知识课程的要求，从 2016 年起，将义务教育小学和初中年级《品德与生活》《品德与社会》《思想品德》教科书名称统一更改为《道德与法治》。教科书更名与"法治"课程的设置在一定程度上凸显了法治教育的重要性及国家的重视程度,另一方面在课程内容的相关设置中也增加了法治教育的渗透和强化,更为重要的是可以发挥课程教育在青少年法治教育中的主要作用。显而易见,国家法治化、建设法治社会、创建法治校园,小学生是不可忽视的重要力量。2016年教育部做出工作部署:在全国颁布《青少年法治教育大纲》,要求《大纲》的内容增加和融入德育教材,义务教育阶段德育课程全部更名为《道德与法治》,成为了学生法治教育的主要载体。虽然实施了这一举措,但法治进教材只是对青少年进行法治教育的第一步,今后如何在核心素养教育的大背景下开展好课堂教学中的法治教育?不具有法学专业背景的教师面对全面铺开的道德与法治课程,怎样充分发挥其德育课程的优势,在基于核心素养的课堂教学中实现法治与德育的有机结合,更好地落实法治教育?有哪些好的策略研究以达到更好的道德与法治课堂教学效果?

综上所述,本课题提出的"小学道德与法治课程中基于核心素养落实法治教育课堂教学的策略研究",就是在小学道德与法治课程中以问题解决过程串联起指向素养的不同课堂教学形态的设计重构,依托一线教师,与全区品德课程教研并轨,力图通过研究,积累丰富研究案例。通过实践探索,指导区一线教师明确学科性质,深入挖掘教材意义,提高课程系统认识,提升教师专业素养,有效落实课堂教学。同时,力争通过案例分析、经验总结、比较提炼、理论学习等手段破解法治教育不够贴近小学生生活、流于形式、缺乏体验感悟、教学实效性差等问题。

二、课题的界定及理论依据

(一)课题的界定

道德与法治课程属于义务教育阶段思想政治教育课程的范畴,是提高青少年思想政治素质、道德修养和法治素养的综合性课程,具有方向性、思想性和实践性。作为落实立德树人根本任务的关键课程,道德与法治以马克思列宁主义、毛泽东思想、中国特色社会主义理论体系,特别是习近平新时代中国特色社会主义思想为指导，用马克思主义中国化最新成果和社会主义核心价值观铸魂育人。

　　课程核心素养是课程育人价值的集中体现，是学生通过课程学习而逐步形成的正确价值观、必备品格和关键能力。道德与法治课程核心素养包括政治认同、道德修养、法治观念、健全人格和责任意识。政治认同是社会主义事业建设者和接班人必须具备的前提，道德修养是立身成人之本，法治观念是公民行为的依据，健全人格是身心健康的体现，责任意识是学生成长为有担当精神时代新人的基础。具体如下：

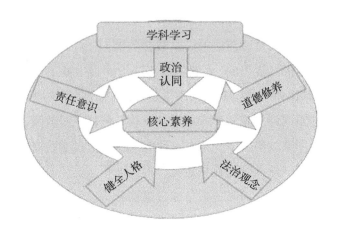

1. 政治认同

　　政治认同是指对伟大祖国、中华民族、中华文化、中国共产党、中国特色社会主义的认同，践行和弘扬社会主义核心价值观。义务教育阶段学生的政治认同主要表现为：

　　（1）政治方向：明确中国共产党的领导地位，知道中国共产党领导是中国特色社会主义最本质的特征和最大优势，坚持中国特色社会主义道路，理解习近平新时代中国特色社会主义思想的核心要义和思想精髓。

　　（2）价值取向：践行和弘扬社会主义核心价值观，坚定中国特色社会主义共同理想，增进中华民族价值认同和文化自信。

（3）家国情怀：对家国有浓厚的情感，有建设好家乡和祖国的担当意识和使命感，做堂堂正正的中国人。

培育学生的政治认同，有利于他们形成正确的世界观、人生观、价值观，坚定正确的政治方向，牢固树立中国特色社会主义共同理想和共产主义远大理想，成为德智体美劳全面发展的社会主义建设者和接班人。

2. 道德修养

道德修养是指人们把道德规范内化于心、外化于行，养成良好的道德品质和行为习惯。义务教育阶段学生的道德修养主要表现为：

（1）个人品德：践行以爱国奉献、明礼遵规、勤劳善良、宽厚正直、自强自律为主要内容的道德要求，在日常生活中养成诚实守信、团结友爱等个人美德和优良品行。

（2）家庭美德：践行以尊老爱幼、男女平等、勤俭持家、邻里互助为主要内容的道德要求，做家庭的好成员。

（3）社会公德：践行以文明礼貌、相互尊重、助人为乐、爱护公物、保护环境、遵纪守法为主要内容的道德要求，做社会的好公民。

培育学生的道德修养，有利于他们经历从感性体验到理性认知的过程，传承中华传统美德，弘扬民族精神和时代精神，维护民族团结，增强民族气节，形成健全的道德认知判断、道德情感意志、道德实践能力，筑牢理想信念之基。

3. 法治观念

法治观念是指树立宪法法律至上、法律面前人人平等的理念，使尊法、学法、守法、用法成为人们的共同追求和自觉行为。义务教育阶段学生的法治观念主要表现为：

（1）规则意识：了解与校园生活密切相关的纪律和日常生活的法律常识。

（2）平等观念：树立法律面前人人平等的法治理念，尊重他人的权利与人格尊严。

（3）权利义务观念：具备依法行使权利、履行法定义务的自觉意识。

（4）守法用法习惯：树立法治意识，坚持宪法法律至上，在日常生活中具有守法用法的思维方式和行为习惯。

培育学生的法治观念，有助于他们依法行使权利、履行义务，捍卫人格尊严，维护公平正义，做社会主义法治的忠实崇尚者、自觉遵守者和坚定捍卫者。

4. 健全人格

健全人格是指人们所具备的健康心理、良好个性特征和积极品质。义务教育阶段学生的健全人格主要表现为：

(1)自尊自信：能够正确认识自己，自我调节和管理情绪，做到自立自强、弘毅坚韧，养成乐观开朗、自律自信的心理素质和道德品质。

(2)理性平和：能够进行有效人际交往与沟通，开放包容，努力建立良好的家庭关系、同伴关系和师生关系，学会合作与竞争，能正确处理与家庭、他人、集体和社会的关系。

(3)积极向上：能够有效学习，主动适应社会环境并保持独立人格，确立符合国家需要和自身实际的健康生活目标，热爱生活，具有适应变化、应对挫折、积极进取的人格。

培育学生的健全人格，有助于他们正确认识自我，学会学习、学会生活、学会合作，养成积极的心理品质，提高适应社会、应对挫折的能力。

5. 责任意识

责任意识是指人们履行义务、承担使命的情感态度和行为表现。义务教育阶段学生的责任意识主要表现为：

(1)主人翁意识：关心集体、关心社会、关心国家，维护祖国统一和国家安全，具备国家利益高于一切的观念。

(2)担当精神：具有为人民服务的奉献精神，积极参与志愿者活动、社区服务活动，热爱自然，敬畏生命，保护环境。

(3)有序参与意识：具有规则意识和程序意识，能够依规依法参与公共事务，积极参与生活中的民主选举、民主管理、民主决策和民主监督的实践。

培育学生的责任意识，有助于他们提升对家庭、集体、社会、国家和人类的责任感，增强担当精神和参与能力。

小学法治教育从内容上来说应包括三个方面，即普及法律知识、提高法律运用能力和培养法律意识。作为小学生法治教育的初级目标，普及法律知识是小学法治教育工作的重点。提高法律运用能力是中小学生法治教育的中级目标，即在普及法律知识的基础上，将理论学习转化为实践。培养法律意识是实现中小学生法治教育的高级目标。

道德与法治课堂教学策略是思政教师素质结构、教学工作内容的重要组成部分，也是全面提高道德与法治教学效益、促进道德与法治教育教学改革和发展的重要因素。教师的教学策略水平的高低，直接影响到其教学质量的优劣；课堂教学策略又是教育技术学的最核心内容——教学设计的重要组成部分，而教学设计中的教学策略模块是教学设计理论中发展最快、最活跃的研究领域。

本课题是落实党中央决策部署，把握教育系统意识形态观，以提升义务教育质量奠基工程；是基于核心素养，站在"立德树人"的高度看待研究工作；是从儿童的终生发展长远视角来看待法治教育；是以落实法治教育实践策略研究为主导，探寻有效性的研究。

（二）理论依据

本课题以统编小学《道德与法治》教材为研究载体。在课程更名以及教材内涵着重增加了法律内容的改革背景下，基于核心素养课堂上的法治教育教学的策略为主要研究对象，突出探索如何综合多种生活角度进行多维度法律教育，探索从法律教育的角度进行间接德育的途径等内容。

1. 皮亚杰的认知发展理论

皮亚杰理论的焦点是个体从出生到成年的认知发展的阶段，他认为认知发展不是一种数量上简单累积的过程，而是认知图式不断重建的过程。皮亚杰认为，影响儿童认知发展的主要因素是：成熟，物理环境，社会环境，以及具有自我调节作用的平衡过程。这四个因素都是认知发展的必要条件，但它们本身都不是充足条件。

2. 涂尔干的道德教育理论

爱弥尔·涂尔干是法国的教育社会学家，他毕生都致力于教学、研究和著述工作中。涂尔干的教育学不单单是以教育学为核心的学科活动，更是一种现代意义上的理性实践的尝试。涂尔干认为道德的要素主要有三个：纪律精神、对社会群体的依恋、知性精神。

三、文献综述

道德与法治教育，早在两千多年前的春秋战国时期已有雏形。中华人民共和国成立后，国家加强了对道德与法治教育的研究。研究的主要精力是在国家治国方略方面，在教育界主要重在大学生思想品德教育方面，小学法治教育一直处于"薄弱位置"。在"中国知网"官网上输入"核心素养""小学道德与法治""法治教育"关键词进行搜索发现：从 2017 年义务教育小学《品德与生活（品德与社会）》和初中《思想品德》教材统一更名为《道德与法治》后，青少年法治教育内容的系统构建、教育教学方法创新、专职教师培养、建立科学评价体系等方面的研究，才开始呈现蓬勃态势，广大一线教研人员才开始重视。

梁华迅在《浅谈如何在初中思想品德课教学中渗透法制教育》一文中强调，对学生进行有效法治教育的前提有两个：一是任课教师自身的法律知识要丰富；二是根据教学的实际需要，将法治内容渗透到其他学科的教学中。同时，吴丹以及闫玉芳等学者也分别在《思想品德课教学中渗透法制教育的探索》和《浅议初中思想品德课中法制教育的渗透》中提到了采用渗透式教学法的观点。这种将法治教育内容通过其他各门学科化整为零地实施开来的方法，有利于学生在各门课程中分类学习各种法律知识，可以加深他们对所学法律内容的深刻理解。

杨梦姣在《思想品德课教学中法治教育研究》一文中介绍到，进行法治教育可以采用体验式教学法，如情境教学法和案例教学法。情境的引入能使学生身临其境、置身其中，能激发学生的学习兴趣，提高学习的积极性和主动性。但要注意情境的设置，要根据教学内容，避免流于形式。林海榕在《案例教学法在大学生法制教育中的作用研究》中指出虽然法律的学习比较枯燥，通过案例的设置很容易将学生带入法律情景和氛围，但作者也指出，如果选取的案例反映问题不明了或运用得不好，最终还会影响到教学效果。

通过以上对教学方法的研究不难看出，大多学者提倡改变传统的教学法，改为体验式教学法或其他有助于提高学生学习兴趣的教学法，但是无论哪种教学法的使用都必须结合教学和学生的实际，避免教学法的滥用或失用。

国外大多数国家将"法治教育"归于"公民教育"范畴，以美国为例，律师协会（1977）出版了关于中小学法治教育的系列书籍：《法治教育的影响》《法治教育开展指南》《治教育课程原则》《美国法治教育基金项目指导手册》《教师实施法治教育指导手册》等，从专业法律角度为美国法治教育的实行体系奠定了基本框架，将笼统的公民教育发展为独立的法治教育体系，内容划分为六个方面：（1）法律的概念和功能，法律的制定、实施和修改等；（2）法治精神，如自由、平等和公正等；（3）法律与人、与社会的关系；（4）公民的权利和义务；（5）权威，如政府、司法机关和立法机关等；（6）美国国家奠基性法律文本，如《美国宪法》《独立宣言》和联邦党人文集等。学生在课堂上通过学习法学概念、模拟法庭角色，把自己掌握的法律知识运用到社区的日常事务。尊重儿童认知规律，法治教育内容贴近并回归学生的生活世界。

通过查阅大量的文献资料，对国外法治教育的文献总结发现，国外的法治教育开展较早，在学术研究方面多结合案例实证研究。总之，无论是古代崇尚法治的国家还是现代意义上的法治国家，都有一个共同点：重视法治教育，公民的法律素质普遍较高。

综上所述，国内外的法治教育重点有所不同，国外侧重于内容的研究，倾向于公民教育；而国内对于法治教育的起步较晚，而且主要是初中，小学法治教育特别是教学策略的研究几乎是空白。

四、研究目标与内容

（一）研究目标

（1）通过课题研究，找到在课堂教学上渗透法治教育的策略，落实《青少年法治教育大纲》，提高学生知法、懂法、守法意识，在提升学生法治意识的同时，提高教师、家长的法治意识。

（2）通过课题研究，提升教师专业水平，提高教师课题研究能力。

（3）通过课题研究，规范道德与法治课堂评价体系与框架，做到科学性、合理性、可操作性。

（二）研究内容

（1）收集整理小学道德与法治课程中相关的法制和要点。

（2）小学道德与法治课程中基于核心素养落实法治教育课堂教学设计的研究。

（3）小学道德与法治课程中基于核心素养落实法治教育课堂教学模式的研究。

（4）小学道德与法治课程中基于核心素养落实法治教育课堂教学中评价标准、方式的研究。

五、研究对象、方法、措施及技术路线

（一）研究对象、方法

本课题研究对象为洪山区小学学生以及全体道德与法治教师。

1. 文献研究法

梳理当前国内外相关研究状况，查阅相关书籍做基础概念铺垫，对相关的政策文件、法律法规、制度规章等进行分析，完善理论基础。

2. 行动研究

针对一定研究阶段中的关键问题、难点问题采用行动研究予以突破。在研究总结阶段拟用叙事研究回顾研究历程、总结基本经验和策略。

3. 案例研究法

通过实践探索与研究，不断总结教师和学生在课堂法治教学活动中整体素

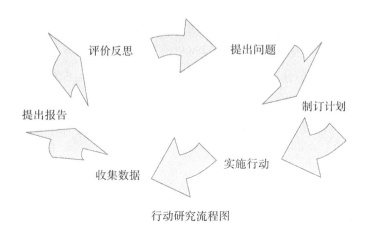

行动研究流程图

养提高的典型教学案例，进行不断的反思、验证，达到进一步的推广应用，每次课堂活动做到有记录、有反馈、有总结、有提高。

4. 经验总结法

对在实践中收集的材料全面完整地进行归纳、提炼、分析，得出能找到教学策略的途径，确定具有普遍意义和推广价值的方法。

(二)研究措施

(1)成立研究课题专家指导小组，聘请专家顾问，定期指导课题研究工作。

(2)课题组成员分工明确，各负其责。

(3)组织课题研究人员学习有关教育心理学及教育改革的理论，举办道德、法治、科研等方面的系列专题讲座，转变教育观念，提高教育思想理论水平和课题研究能力，增强创新意识，激发研究热情，使实验人员积极地参与实验研究。

(4)编制研究计划，建立和健全研究的组织领导和相应的规章制度，组织研究人员制定"小学道德与法治课程中基于核心素养落实法治教育课堂教学的策略研究"子课题的操作计划。

（5）课题组采取集中与分散的方式，定期开展研究专题研究活动。广泛收集实验信息，并对研究进行指导、检查、调控，注重阶段性小结。

（6）实验点学校做好研究资料的收集整理，对研究活动资料、小结、论文等均做到及时收集、分析、研究，对研究中发现的问题及时提交课题组研讨。

（二）技术路线

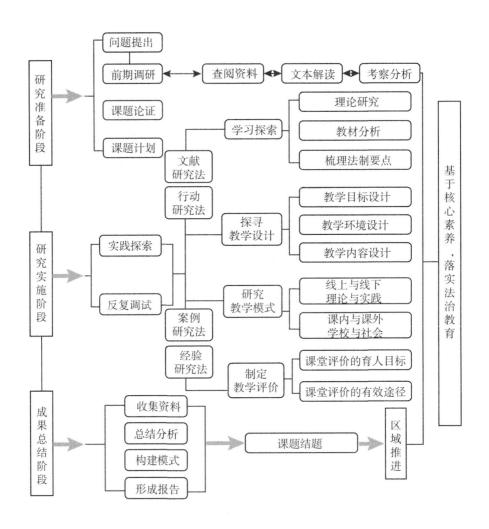

六、研究过程

1. 第一阶段：研究准备阶段(2019年6月—2019年10月)

(1)成立教科研中心研究组。

(2)查阅资料，进行理论学习。

(3)制订教研方案，请专家进行课题可行性论证。

2. 第二阶段：研究实施阶段(2019年11月—2021年3月)

(1)充分利用杂志、报纸、专家的指导进行理论学习研究，进一步进行基于核心素养法治教育课堂教学的策略研究与探讨。

(2)定期召开阶段成果汇报，进行经验交流。

(3)收集各项各类资料，形成小学道德与法治课堂教学评价办法。

3. 第三阶段：成果总结阶段(2021年4月—2022年3月)

(1)由经验上升为理论，推而广之。

(2)汇集、归类、整理成果。

(3)撰写研究报告、结题评审。

七、研究结果及结论

(一)进行了小学道德与法治课程中法制要点的学习、探索与整理

义务教育《道德与法治》教材的编写坚持以马克思主义为指导，充分吸收十多年来品德课程改革成果和法治教育经验，以培养有理想、有道德、有文化、有纪律的社会主义合格公民为中心，将社会主义核心价值观教育贯穿始终。课程名称变了，在课程功能上也新增了培养学生法治意识、增强法治观念的任务。

1. 明确了法制与法治的区别

教学道德与法治课程的前提是对"法治"的正确认识。法制是法律制度的

简称，属于制度的范畴，是一种实际存在的东西。而法治是法律统治的简称，是一种治国原则和方法，是相对于"人治"而言的，是对法制这种实际存在东西的完善和改造。简单的理解就是法制是法律和制度的总称，偏重于硬性的层面，是静态的；法治是如何运用法制，更多地强调依法治理的过程，是动态的。法律是最基本的道德，道德是最高的法律。

明确了以上的几点，在教材的把握上，我们就有了新的认识。因为课程名称中的"法治"不是法律制度，而是运用法制进行"法治教育"。它更强调从小培养学生树立牢固的法律观念，了解法律基础和增强法治意识，而不是要求掌握法律条文和研究法律，所以对教材的研读上，在进行课程设计时，不应当再困惑于课本内容仅仅是几幅图画，教的内容少，而是应当结合生活化的体验对学生进行指导，不是教教材，而是以教材为中心点，从而进行发散教学，不只是教给孩子写在书本上的道德和法律知识，而是培育孩子做人、做事的法治意识和实践智慧，是对学生生活的一种指导与实践，是注重生活性的一门综合性的课程。

2. 掌握了法制在课本中的运用

（1）低年级教材。

课题研究期间，通过资料的查找，我们了解到了全册教材编写中参考了2016年颁布的《青少年法治教育大纲》，除六年级外的其他年级均适时地结合课本内容出现相关的法律知识或规则条款。特别是低年级的教材，更注重规则意识的养成。比如，在一年级（上）第一单元第4课"上学路上"的内容学习中，有这么一段顺口溜："小学生，上学校，交通'信号'要知道。红灯停，绿灯行，过路口时左右瞧。靠右行，不追跑，抓紧时间不迟到。"我们知道，"红灯停、绿灯行"就是《道路交通安全法》的内容，但是教材中却以同学们乐于接受的顺口溜出现，更注重的是对交通规则意识的渗透，而不是对交通法的宣讲。二年级（下）教材中第10课"清新空气是个宝"中有："国家保护和改善生活环境和生态环境，防治污染和其他公害。"国家组织和鼓励植树造林，在保护林木这种常识性的知识学习中进行了《宪法》的普及。由此我们可以看出，整个低年级的教材，更侧重于规则意识的养成以及对我们国家第一位阶根本法《宪法》的了解。所以在低年级的教学中，我们更应当侧重于讲"规则"，养习惯。

（2）中高年级教材。

中高年级的教材中，涉猎到的法制的内容就明显地增多了，并将六年级上册设为"法治教育专册"，所以六年级上册教材中涉及的法制知识最为广泛，而且涉猎的范围也非常的广泛，我们将教材中涉及的相关法律进行了分类整理，主要归纳为以下几个方面：

①建立对宪法的法律地位和权威的初步认知。例如，六年级（上）第一单元第2课"宪法是根本法"中介绍12月4日是国家宪法日，宪法具有最高法律效力。为了惩罚犯罪，保护人民，根据宪法，结合我国同犯罪作斗争的具体经验及实际情况，制定本法。——《中华人民共和国刑法》第一条。

②了解人民代表大会制度，初步认知主要国家机构，国家主权与领土，认知国防的意义，增强民族团结意识。例如，五年级（上）第三单元第7课"中华民族一家亲"介绍中华人民共和国各民族一律平等。国家保障各少数民族的合法的权利和利益，维护和发展各民族的平等团结互助和谐关系。禁止对任何民族的歧视和压迫，禁止破坏民族团结和制造民族分裂的行为。——《中华人民共和国宪法》第四条。六年级（上）第三单元第5课"国家机构有哪些"介绍了国家机关名称，全国人民代表大会是我国最高国家权力机关，它的常设机关是全国人民代表大会常务委员会，简称"全国人大常委会"。根据宪法，全国人民代表大会行使立法权、决定权、任免权和监督权。这些内容涵盖了宪法相关内容，还有对国家主要机构的认识，同时也加深了对制度的理解。

③初步了解公民的基本权利和义务，简要认知重要民事权利，初步理解权利行使规则，树立依法维权意识，树立有权利就有义务的观念。例如，五年级（下）第一单元第2课"让我们的家更美好"中介绍父母对子女有抚养教育的义务；子女对父母有赡养扶助的义务。——《中华人民共和国婚姻法》第二十一条（节选）。五年级（下）第二单元第4课"我们的公共生活"收录《中华人民共和国民法总则》第一百一十七条：为了公共利益的需要，依照法律规定的权限和程序征收、征用不动产或者动产的，应当给予公平、合理的补偿；以及第一百三十二条：民事主题不得滥用民事权利损害国家利益、社会公共利益或者他

人合法权益。通过学习使学生初步了解公民的基本权利义务、重要法治理念与原则，初步了解个人成长和参与社会生活必须的基本法律常识；初步树立法治意识，养成规则意识和尊法守法的行为习惯，初步具备依法维护自身权益、参与社会生活的意识和能力，为培育法治观念、树立法治信仰奠定基础。

④了解到法律对未成年人的特定保护；建立对校园欺凌行为的认知和防范意识。例如，三年级(上)第二单元第6课"让我们的学校更美好"中介绍凡具有中华人民共和国国籍的适龄儿童、少年，不分性别、民族、种族、家庭财产状况、宗教信仰等，依法享有平等接受义务教育的权利，并履行接受义务教育的义务。——《中华人民共和国义务教育法》第四条。四年级(下)第一单元第3课"当冲突发生"中表示未成年人不得有"结伙斗殴，追逐、拦截他人，强拿硬要或者任意损毁、占用公私财物等寻衅滋事行为；殴打、辱骂、恐吓，或者故意伤害他人身体"等严重不良行为。——《中华人民共和国预防未成年人犯罪法》第三十八条。从三年级(上册)到六年级(上册)的学习，《中华人民共和国义务教育法》《中华人民共和国预防未成年人犯罪法》《中华人民共和国未成年人保护法》《中华人民共和国反家庭暴力法》等数条法律，阐明了法律对未成年人的特定保护。在教育培养孩子的过程中，不仅要让儿童学习法律常识，知法守法，树立正确的法治观念，还要提高儿童的法律意识，会用法律的武器保护自己。

⑤初步了解了道路交通、环境保护、消费者权益保护、禁毒、广告、安全治理等生活常用法律的基本规则。例如，三年级(上)第三单元第8课"安全记心上"中介绍饮酒后驾驶机动车的，处暂扣六个月机动车驾驶证，并处一千元以上二千元以下罚款。饮酒后或者醉酒驾驶机动车发生重大交通事故，构成犯罪的，依法追究刑事责任，并由公安机关交通管理部门吊销机动车驾驶证，终生不得重新取得机动车驾驶证。——《中华人民共和国道路交通安全法》第九十一条。四年级(上)第四单元第10课"我们所了解的环境污染"中介绍道，我国为了限制和减少塑料袋的使用，遏制"白色污染"，2007年12月31日，国务院办公厅印发了《关于限制生产销售使用塑料购物袋的通知》，2008年6月1日"限塑令"开始生效。排放污染物的企业事业单位和其他生产经营者，应当

46

采取措施，防治在生产建设或者其他活动中产生的废气、废水、废渣、医疗废物、粉尘、恶臭气体、放射性物质以及噪声、振动、光辐射、电磁辐射等对环境的污染和危害。——《中华人民共和国环境保护法》第四十二条。在禁毒方面，例如，五年级(上)第一单元第 3 课"主动拒绝烟酒与毒品"中收录未成年人的父母或者其他监护人应当对未成年人进行毒品危害的教育，防止其吸食、注射毒品或者进行其他毒品违法犯罪活动。——《中华人民共和国禁毒法》第十八条。道路交通、环境保护、消费者权益保护、禁毒、广告、安全治理无不贴近我们的生活，让学生感知生活中的法、身边的法，才能将学到的知识指导于日常的生活中，培育学生的国家观念、规则意识、诚信观念和遵纪守法的行为习惯。

通过小学阶段全册教材的学习，探索到其实法律和道德是互相成就的。对国家和社会的治理来说，法律和道德密不可分。道德解决不了的问题，需要法律去规范；法律管不到的地方，需要道德去弥补。法律是最基本的道德，道德是最高的法律。对于我们的教育来说，既有高雅的道德情操，又有敬畏法律的法治精神，才能成为一个好公民。

3. 整理出教材中的法制要点

要想提高道德与法治课堂教学的有效性，除了学习、探索道德与法治课程中的法制要点以外，我们还对教材中的法制内容进行了三个方面的梳理，这样对教材有一个全新、整体的认识，对教法、学法有一个清晰的把握，给道德与法治教师在今后的教学中指明了方向，也让我们对整个教材法制的认知更近了一步。(法制要点见附件 1)

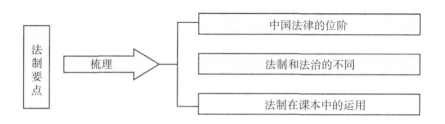

(二)探寻课堂上法治教学的设计要点

在众多的人文学科中,法学是比较深奥、专业与复杂的,法治教育进入小学道德与法治课程教学绝非易事。它极大地挑战了小学生的认知能力和教师的专业能力。教学中,很多教师感到力不从心,难以驾驭。所以,我们需要对统编小学《道德与法治》教材中法治教育的现实困境、小学生的法治素养构成与教师的教学实践做进一步探索,提炼课堂上法治教学的设计要点。

1. 把握法治知识的脉络

法治知识是法治素养的基本组成部分,小学阶段更多侧重"初步",重在普及法治知识,使学生具有初步的规则观念和法治意识,进而践行法治行动,培育法治思维,为树立法治信仰奠定基础。

(1)横向拓展的脉络。

教师教学时,应以小学《道德与法治》教材呈现的法律知识为经络,立足各学段学生学习、生活的需要,对相应的法治知识进行适当横向勾连拓展。教材中,可能包括:《宪法》及相关法,主要涉及《宪法》《国籍法》《选举法》《国家安全法》;《刑法》《行政法》,主要涉及《治安管理处罚法》《道路交通安全法》《环境保护法》《食品安全法》等;《民法典》,主要涉及总则、人格权、侵权责任、婚姻家庭等内容;《经济法》,主要涉及《产品质量法》《消费者权益保护法》《反不正当竞争法》等。教学时,教师应尽可能准确运用和解释法律概念,引用其中相关条、款、项的内容。例如道德与法治教材四年级上册中"网络新世界"一课,我们既可以着眼《网络安全法》,又可以涉及《预防未成年人犯罪法》,通过通俗易懂又有趣的语言向学生传递正确的法律知识,让法律具有专业性和严谨性。再如三年级下册中"万里一线牵"一课,帮助学生了解通信方式的变迁和多样化,同时培养学生形成文明的通信行为习惯,遵守通信中的法律。这里既有保护,也有限制。

(2)纵向螺旋上升的脉络。

如果说道德教育从价值层面向儿童指明了方向,那么法律教育则确定并细化了这种行为的底线和具体要求。规则教育分布在小学一至五年级的教材中,不同年级涉及的生活领域不同，教师需要注意目标设置上的螺旋上升。例如三年级下册"生活离不开规则"中"守规则要自觉"，教师可组织学生结合这次新型冠状病毒肺炎疫情期间"出门戴口罩"的公共规则进行讨论。例如发生疫情时，周围人不戴口罩怎么办？劝人戴口罩挨骂了怎么办？为什么日本人常戴口罩？教师通过这个疫情之中人人出门得遵守的规则，引导儿童思考个人和他人、个人与社会的关系，当个人自由和公共利益产生冲突时，怎样权衡。教师让学生通过小小的口罩体悟人性的善良与丑恶、人类的强大与脆弱，由此培育法治理性，促其力所能及地履行公民权利和义务。教学这课时，我们可以呼应《道德与法治》教材二年级上册的"我们在公共场所"、三年级上册的"安全护我成长"，这些内容都是随着儿童生活领域的不断扩展而展开，法治教学的落脚点也有所变化。

2. 培养法治思维的能力

各种典型案例，是法治教育的养料。在课堂教学中，教师常用的做法是：举一个法律案例，然后借这个资源分析其中的法律知识，聚焦相应的法律要求，以达到学法、说法、懂法的目的。

(1)选择经典案例。

教学应该突出案例的作用，让学生直接面对法律事实，然后带着有思维含量的问题去学习法律知识，再用法律知识来解决问题。尤其是社会生活中的事件、有思考价值的电影等，作为非正式知识的案例素材，从事理到法理，让教学的引导深入体现出法理的权威专业，同时观照到学生法治思维内化的过程。例如五年级下册"建立良好的公共秩序"，教师精选2018年10月28日重庆市万州区公交车坠江事件的案例，聚焦公交车乘客刘某和司机冉某的争吵互殴行为，结合刑法等相关法律，剖析其中的违法表现、违法性质，以及给社会公共安全、公共秩序造成的巨大危害。教师时刻关注学生发言的说、辩，对学生法治思维能力进行提升。

(2)选择朋辈案例。

朋辈案例即为年龄相当者的案例，因为生活时代相仿，社会阅历相似，身份上有同质性，行为意识上有类似性，遇到的生活问题也相近，所以朋辈案例中涉及法律的内容往往最容易为学生所接受，有很强的触动性。例如《道德与法治教材》三年级下册"大家的'朋友'"一课中，以童趣的拟人化手法，采用自述的方式引入我们的朋友"公共设施"。教学中，我们不是把公共设施当作外在的客体存在，而是要真正抓住公物的本质。它是公共资源，每个人都有权益平等享用它，每人也要公正对待它。引用案例时选择朋辈不爱护公共设施的校园事件，这样平等、尊重的社会责任意识和权益意识更能进入青少年的内心。

3. 重视法治知识的实践

学生走向公共生活，进行社会参与，使法治素养的形成不止于认知层面，从而内化、实化。通过积极参与体验，在法治实践中增强学生的公民意识，培育学生的法治观念，是法治教育的重要使命。

（1）校园生活参与。

学校空间是学生参与社会公共生活的重要组成部分，也是他们长时间身处其中的场所。校园生活的参与，将决定着学生法治实践深入的程度。学生参与不仅要体现公民义务的履行，而且要涉及学校民主管理。学生参与学校规章制度、班级班规的设计，并审查执行，这本身就是通向法治行动的有效途径。例如，《道德与法治》教材四年级上册中"我们的班规我们订"介绍关于班规的制订与执行，班级成员的权利行使和维护。我们可以将民主与平等、共识与规则、责任与担当作为班级法治的三个关键要素。

（2）社会生活参与。

教师要将社会生活参与和课堂教学紧密结合起来。例如，《道德与法治》教材六年级上册中"感受生活中的法律"，教学前，教师可以播放央视微视频"我是法律"导入，充分利用教材中"活动园"的栏目，让学生开展关于法律与我们生活息息相关的调查活动，拉近法律知识与实际生活的距离，使学生充分感受到生活离不开法律，法律就在我们身边，由此增强学生懂法、守法、学法的使命感，提升学生的法治素养。再如《道德与法治》教材四年级上册"变废为宝有妙招"，校园生活中乱扔垃圾现象时有发生，教学中教师让学生小组合作参与公共生活，行使公民监督权。同时，师生可以建议班委会、学校卫生部门、德育部门加强监管，推进垃圾分类工作，对乱扔垃圾的行为进行拍照取证，由学校适当通报提醒。社会生活的参与，强调维权的途径和相关程序，让学生深刻理解《环境保护法》。这个过程是探究性的实践过程，充分提升了学生的法治实践能力。

(三)研究出法治课堂教学生活化教学模式的策略

在小学道德与法治课的教学过程中，不少学校和教师在思想上并不重视该课程的教学，教学目标不明确、教学内容形式化、教学环节简单化。在实际教学过程中，有些教师的教学缺乏针对性，课堂教学缺乏组织性，随心所欲地教授教学内容。有些重点和难点内容没有详细讲解和挖掘，也不能结合实际生活帮助学生更好地理解课程内容。有些老师也是照本宣科讲完课程的内容，缺少对学生的法治观念引导和正确行为习惯的培养。长期以来，中国的基础教育一直受到传统教学观念的影响，实际教学往往难以达到预期的效果。小学道德与法治教学也不例外。在实际教学过程中，许多教师仍然沿袭传统的"灌输式"教学，教师在课堂上滔滔不绝，学生只能被动地接受知识，静静地听。这种教学方法很无聊，直接导致了课堂学习的沉闷气氛。学生不仅对学习失去兴趣，无法积极参与课堂教学，还可能导致他们产生抵触情绪，影响课堂教学效果，无法真正实现道德与法治教学的真正价值。

1. 构建生活化课堂教学模式

(1)创设生活化氛围的课堂。

小学道德与法治是以儿童生活为线索架构的，将道德教育渗透在儿童的生活过程之中，我们在课堂教学中有必要与实际生活结合起来，引导学生观察、关注身边的新鲜事，直面社会的热点问题，让生活走进课堂，让教材适应生活，润物细无声地对学生进行法治教育，从而学会做人、学会做事、学会生活。知识来源于生活，也要应用于生活。有些知识对于小学生来说理解有一定的困难，在实际的教学过程中，将知识变得浅显易懂，与生活结合是一个不错的选择。创设生活情景，有利于提高学生知识迁移能力。小学道德与法治中法律知识属于人类知识系统中极微小的一部分，无一例外地也必将与生活有机结合，这样，能够将深奥复杂的理论公式简化，易于学生理解掌握，能促进教学生活化。同时，所学知识又必须回归生活，为生活所用，提高了学生知识迁移能力。

（2）运用信息化创新的手段。

在小学道德与法治教学中充分利用现代化的信息教学手段，为学生创设信息化教学情境，不但能够增添课堂教学的趣味性，还能够融合当下的时事热点提高学生对现代社会发展的认知，促进学生的思维发展以及学生正确人生观以及价值观的形成。

（3）拓展生活化教学的模式。

案例是人生叙事，具有震撼心灵的教育意义，在小学道德与法治课程中融入一些案例，不仅能够活跃课堂教学气氛，还能够充分调动学生的学习热情，而且通过让学生直接面对法律事实，展示案例，分析案例，带着问题学习法律知识，可以使学生轻松地获取法律知识，有效地激发他们学法、用法的兴趣。

（4）延续课后生活化的教学。

道德与法治课程非常重视儿童的生活体验，课堂只是教师指导学生体验生活的一部分，更重要的是指导学生将课堂上学到的知识延伸到课外，体验在日常生活中做一个负责任、有爱心、讲道德的孩子。这种延伸可以是课前，也可以是课后。

品德即生活，小学道德与法治课程生活化教学就必须要从学生生活元素入手，分析学生特征，挖掘学生兴趣点等。教师还要依据实况制定合理教学法，提高学生理解程度，提高学生学习的积极性和主动性。不但要课堂上生活化，而且在课后作业也应该融入生活化概念，通过课上、课下两条线推动道德与法治生活化模式快速发展。

2. 运用自主体验式课堂模式

在开展小学道德和法治的过程当中，我们采取设置生活情境的方法，让同学们在课堂上感受道德和现实生活之间的关系，充分发挥出情境教学方法的作用，从而加深同学们的情感体验。

（1）创设生活体验情境，将法治教育简易生活化。

小学儿童思维的主要特征是从具体形象思维向抽象逻辑思维过渡的，直接与感性经验相联系，具体形象性的事物最容易让他们接受。小学《道德与法治》教材图文并茂，展现了一个又一个小学生生活的场景，最适合运用情景教学法培养学生的规则意识。实践可以丰富法治活动，对学生学习具有非常重要的影响力，在开展教育的过程中要从实际出发，让学生体会到其中的内涵。活动中避免碎片化，促进法治教育活动常态化、品牌化，突出社会实践活动的作用，如与法院、检察院、公安、司法等部门合作，引导学校开展丰富的法治实践活动。课堂中可以开展"小小交通警""小小法官""小小税务员"等角色体验活动，让学生在寓教于乐中学习法律知识、培养法治理念。

(2)创设问题对话情境，引导学生的积极思考。

问题情景模式，能够让学生跟随教师的思路，共同思考问题，开动脑筋，最终达到解决问题的目的。同时，对和谐师生关系起到重要作用。创设问题情景，有利于提高学生的自主学习能力。学生对知识的学习如果没有方向性，就会导致学生不知所措，进一步降低学习效率。如果让学生带着问题去学习，知识的过程就转变为解决问题的过程，这样一来能够使学生的学习目标明确，同时学生依靠解决问题来实现成果的量化，学生在知识的学习中就有了价值归属感。

(3)创设游戏体验情境，增加学生的学习兴趣。

小学生因其年龄特点，一般都是爱玩爱动，教师要想提高道德与法治课堂的教学质量，就必须考虑到小学生的这一特征，采用符合这一年龄段学生的教学方法，而创设游戏情境是个不错的选择。比如教育学生懂得《宪法》是国家的根本大法，是制定一切法律的依据，是保证建设现代化社会主义强国的强大武器……教师可以用游戏开始学习，把《宪法》比作树妈妈，其他法律《义务教育法》《未成年保护法》……都是大树妈妈结的果子……看谁摘的果子多！从而在游戏中看哪个小组知道的法律法规多！

(4)创设故事趣味情境，帮助学生的生活致用。

在授课中，教师还可以创设故事情境，通过具体、生动的案例娓娓道来，让学生明白道理，再运用到生活当中。在平常的课堂教学中还可以根据教学内容和实际创设符合小学生年龄特点的其他教学情境。尽量要将相对抽象的法律知识转化为较为具体的案例故事，还能提高学生学习兴趣，让学生学以致用，让道德与法治教学中法治教育真正做到从生活中来，到生活中去。

总而言之，要彻底落实好我国的依法治国方针，培养小学生法律意识，树立法治观念，好的法治课堂教学生活化教学模式的策略很关键。对当代学生进行教育的目标是要努力培养其核心素养，以核心素养为教学方向的小学道德与法治课程，落实法治教育有利于学生的道德品质发展，提高学生的整体素质，为学生的未来发展奠定坚实基础。

（四）制定了法治教育课堂教学中评价及方式的标准

近几年，由于媒体技术的迅速发展，有关于低龄未成年人相关案件曝光率不断上升，而这些案件也在一定程度上反映出了当前未成年人法律意识淡薄及学校法律教育缺位等现象。道德与法治课程的教学目标中提出："课程能够在一定程度上提升小学生的法治意识，从而使其做一个懂法以及守法的好公民。"基于道德与法律课程教学原则，以"增加学生的法律知识，提升学生的法治意识，形成法律本能，树立法治信仰"为目标，帮助学生认知法律、维护法律，并引导学生学会用法律的武器保护自己，加强法治教育成果，增强学生的法治意识，提高学生维权行动力。

1. 明确了法治教育课堂评价的育人目标

道德与法治是一门向小学生进行德育与法治教育的课程，强调学生在活动中感悟、明理、践行。为更好地利用好道德与法治课堂阵地，我们努力开发"成长嘉奖令"评价系统。融合德育管理从孩子们"礼仪""健体""洁净""乐学"评比，对德育工作进行量化管理、自主管理、数据管理的网络平台，体现每个孩子的进步，更让每个孩子看到自己的发展潜能。"成长嘉奖令"符合教育规律和孩子挑战自我的心理，着力利用好道德与法治课堂阵地，使教师、家长、学生通力合作，让孩子在感悟、明理、践行中争做新时代好少年。

2. 探索出法治教育课堂评价的有效途径

（1）巧用课堂生成资源，强化道德观念。

每位学生的家长有自己的账号，可通过微信搜索"成长嘉奖令+"添加家长端。家长可以看到自己孩子每日的成长过程及全校学生的整体情况,同时还可每日对自己的孩子进行一次评价,加速孩子的成长。(绑定孩子信息即可登录)

(2)组织学生互评互动,丰富评价内容。

组织学生群体互评互动,能够帮助学生更加全面地认知到自己的不足。例如,基于学生认知规律的前提下,组织学生模拟法庭体验及互动辩论等活动,让学生围绕具体法治主题,以辩论的形式评价阐述自己的观点,教师及其他学生则根据该名学生辩词进行全方位的点评。对于学生辩论观点,教师应该重视,多采用积极正面的评价语,对于学生表现好的地方应该给予充分的表扬与肯定,而对于学生表现较差的地方,则应该注意语气委婉,引导学生回顾课本知识,有效地指出学生的缺点,以此发挥评价的实效性,从而将教学过程的评价由教师教变为学生学,让学生在评价中不断学习、不断提升。

(3)结合生活实际评价,增强评价实效。

小学道德与法治教师在教学过程中应关注学生的心理发展,增强学生的意志力和耐挫力,结合生活实际评价,在"成长嘉奖令"推行中,除了奖励还设立了相应的惩罚机制。针对学生不良行为设置小警铃,不良行为由轻到重可设置黄色、橙色、红色小警铃。任何老师给学生设置小警铃后系统自动提示该班所有老师和家长,说明原因,共同教育。遵循谁操作谁负责的原则,具体操作由学生向设置小警铃的老师提出消除的申请,由老师和学生、家长达成共识,在一定的期限内,学生若认识到错误并彻底改正,教师可视情况取消警铃。在警铃取消前,所有科任老师及家长无法再对该生授予任何奖章。黄色小警铃(课堂不遵守课堂纪律)表示班主任与家长在线沟通,共同商议解决办法,当天改正可撤销。橙色小警铃(如因为学习态度不端正或小错不断的)表示班主任邀请家长来校,共同商议解决办法,当天不可撤销。

法治教育的最终目的是培养学生的法治意识,因此课堂评价应当联系实际,让学生在生活中体验、在活动中体验、在评价中体验,将评价学生学习结果的标准转化为促使学生不断提高的起点。对此,教师可以鼓励学生"走"出课堂,引导学生在生活中留意法律的保护,例如在"权利义务"一课中,教师可以鼓励学生去超市买菜,引导学生了解"付钱—买菜"是必需的过程,帮助学生更容易理解权利和义务之间的联系，除此之外，教师还可以将生活"引"进课堂，通过课堂模拟，让学生了解到日常生活中"假一罚三""消费者权利"等概念，鼓励学生在日常行为中树立起积极守法的意识，帮助学生树立起积极的人生观、道德观与法律观，在学生心中树立起依法治国和公平正义的理念，提高学生分辨是非和守法用法的能力，引导他们做知法守法的合格公民。

3. 制定了法治教育课堂评价的标准

在社会经济飞速进步的形势下，影响学生身心成长的因素很多，因此，法治教育更不能忽略，制订法治教课堂教学中的评价标准，对照标准能更好地推动学生成为一个健康发展的人。我们作为小学道德与法治教师应当努力寻找多种策略途径，给学生转达积极向上的法治观念，有意识地增强学生的自我保护意识以及规则意识，有效促进学生身心健康成长。（评价标准见附件2）

4. 研究创新及成效

（1）学生层面的收获：通过本课题研究，整体提高了学生知法、懂法、守法意识。我们对学生和家长进行了问卷调查，从问卷的结果来看，学生整体的法治意识较强，法治知识掌握较牢固，懂得在生活中运用法律武器来保护自己的权益。多数家长对孩子的法治教育十分重视，家长自身的法治意识较强，法治知识掌握较牢固，但仍有一定的提升空间。（问卷调查数据分析对比见附件3、附件4）

（2）教师层面的收获：教师能充分关注学生个体的成长，尤其是学生内心世界和主体人格的成长，坚持育人的现代教育理念，以积极引导为主，有效提高学生个体的人文素质和道德情操。在这个课题研究过程中，课题组成员教科研水平大幅提升，科研成果累累。本课题研究一共完成研究主题报告1篇、成果公报1篇、编写了论文集，其中在全国、省、市、区发表及获奖论文12篇。（详见附件6：成果集）

（3）学校层面的收获：学校更重视法治教育，在学校普法教育的过程中，法治教育进课堂已非常普遍，在持之以恒的普法中，大部分学校组织了形式多样的普法活动，如"带法回家""模拟法庭"等，形成了制度化的活动。通过各种各样的普法活动，实践了依法治国方针，法治教育要从娃娃抓起的要求，促进了小学生自觉培养法治观念和法律意识，为造就合格公民，提高小学生自身素质，推动小学生法治教育工作的深入开展做出了努力。

九、研究反思及展望

(1)我区仍然有部分学校缺乏道德与法治课专职教师，相当部分学校的道德与法治教师还是兼职。因此，通过此课题研究，推动基层学校对道德与法治的进一步高度重视，配备专职教师，加快思政教师队伍建设，从区级层面重视思政教师专业化发展，为法治教育课堂教学的提质增效储备坚实教育力量。(详见附件5：教师问卷调查)

(2)虽然本课题研究在转变教师的课堂教学观念上取得了较明显的效果，但在教学策略的灵活运用上还需要进一步提升和提炼。

(3)过程性评价方式和内容还有待丰富。在当前教学中，还有学校存在以结果性评价为主的倾向，教师教学过程评价内容单薄。在本课题的实践研究中，虽然关注到这一方面，但仍有做得不够充分之处。

十、今后努力的方向

(1)加强相关文献的阅读，做更多的课程案例，加强理论学习，夯实基础，为课题的研究提供理论依据，将课题的研究更进一步深入。

(2)针对小学低段、中段、高段不同学段的学生进行分层研究，将不同学段的同一类型课程放在一起，进行研究，结合学生的年龄特点设计不同的"活动模式"，找出其中的关系，从而更好地把握课堂。

十一、课题组成员

组长：黄莹

成员：陈钢、胡琛、邓丽、杨茜、何丹、李荣燕、刘会、张莎莎、陈红

兰、鲁彩雯、汤黎

实验基地学校：洪山实验小学，广埠屯小学湖工分校，广埠屯小学和平分校

十二、附件附录

（一）附件1：法制要点整理表

附件1

年级	单元	课题	《道德与法治》教材上的法治内容	学习要点
一上	第一单元	4. 上学路上	小学生，上学校，交通"信号"要知道。红灯停，绿灯行，过路口时左右瞧。靠右行，不追跑，抓紧时间不迟到。	交通规则
	第二单元	6. 校园里的号令	升国旗了。	《中华人民共和国国旗法》
二上	第一单元	3. 欢欢喜喜庆国庆	《中华人民共和国宪法》规定，中华人民共和国国旗是五星红旗。中华人民共和国国歌是《义勇军进行曲》。中华人民共和国国徽，中间是五星照耀下的天安门，周围是谷穗和齿轮。	《中华人民共和国宪法》
	第二单元	6. 班级生活有规则		中小学生守则
	第三单元	9. 这些是大家的	爱护公共财物。	中小学生守则
		10. 我们不乱扔	保持公共卫生。	中小学生守则

年级	单元	课题	《道德与法治》教材上的法治内容	学习要点
二下	第三单元	10. 清新空气是个宝	国家保护和改善生活环境和生态环境，防治污染和其他公害。 国家组织和鼓励植树造林，保护林木。	《宪法》第二十六条
三上	第二单元	6. 让我们的学校更美好	凡具有中华人民共和国国籍的适龄儿童、少年，不分性别、民族、种族、家庭财产状况、宗教信仰等，依法享有平等接受义务教育的权利，并履行接受义务教育的义务。	《中华人民共和国义务教育法》第四条
三上	第三单元	8. 安全记心上	饮酒后驾驶机动车的，处暂扣六个月机动车驾驶证，并处一千元以上二千元以下罚款。饮酒后或者醉酒驾驶机动车发生重大交通事故，构成犯罪的，依法追究刑事责任，并由公安机关交通管理部门吊销机动车驾驶证，终生不得重新取得机动车驾驶证。	《中华人民共和国道路交通安全法》第九十一条
三下	第三单元	8. 大家的"朋友"	有下列行为之一的，处五日以下拘留或者五百元以下罚款；情节严重的，处五日以上十日以下拘留，可以并处五百元以下罚款；……（三）盗窃、损毁路面井盖、照明灯公共设施的。	《中华人民共和国治安管理处罚法》第三十七条
三下	第四单元	13. 万里一线牵	1. 中华人民共和国公民的通信自由和通信秘密受法律的保护。 2. 邮政人员私自开拆或者隐匿、毁弃邮件、电报的，处二年以下有期徒刑或者拘役。	1.《中华人民共和国宪法》第四十条 2.《中华人民共和国刑法》第二百五十三条
四上	第三单元	9. 正确认识广告	广告不得含有虚假或者引人误解的内容，不得欺骗、误导消费者。广告主应当对广告内容的真实性负责。	《中华人民共和国广告法》第四条

续表

年级	单元	课题	《道德与法治》教材上的法治内容	学习要点
四上	第四单元	10. 我们所了解的环境污染	1. 我国为了限制和减少塑料袋的使用，遏制"白色污染"，2007年12月31日，国务院办公厅印发了《关于限制生产销售使用塑料购物袋的通知》。 2. 排放污染物的企业事业单位和其他生产经营者，应当采取措施，防治在生产建设或者其他活动中产生的废气、废水、废渣、医疗废物、粉尘、恶臭气体、放射性物质以及噪声、振动、光辐射、电磁辐射等对环境的污染和危害。	1. 2008年6月1日"限塑令"生效 2.《中华人民共和国环境保护法》第四十二条
四下	第一单元	3. 当冲突发生	未成年人不得有"打架斗殴、辱骂他人；强行向他人索要财物"等不良行为，不得有"纠集他人接伙滋事，扰乱治安；多次拦截殴打他人或者强行索要他人财物"等严重不良行为。	《中华人民共和国预防未成年人犯罪法》
	第二单元	4. 买东西的学问	1. 消费者有权索要发票。发票是消费者更换商品、保修商品、解决纠纷、索要赔偿的凭证，也是国家管理财政、征收税款的重要工具。 2. 经营者不得对消费者进行侮辱、诽谤、不得搜查消费者的身体及其携带的物品，不得侵犯消费者的人身自由。	1.《中华人民共和国消费者权益保护法》 2.《中华人民共和国消费者权益保护法》第二十七条
	第四单元	11. 多姿多彩的民间艺术	国家鼓励和支持公民、法人和其他组织依法设立非物质文化遗产展示场所和传承场所，展示和传承非物质文化遗产代表性项目。	《中华人民共和国非物质文化遗产法》第三十六条

续表

年级	单元	课题	《道德与法治》教材上的法治内容	学习要点
五上	第一单元	3. 主动拒绝烟酒与毒品	1. 本法所称"严重不良行为"包括吸食、注射毒品等九类严重危害社会，尚不够刑事处罚的违法行为。 2. 未成年人的父母或者其他监护人应当对未成年人进行毒品危害的教育，防止其吸食、注射毒品或者进行其他毒品违法犯罪活动。 3. 本法所称的毒品，是指鸦片、海洛因、甲基苯丙胺（冰毒）、吗啡、大麻、可卡因以及国家规定管制的其他能够使人形成瘾癖的麻醉药品和精神药品。 4. 学校、幼儿园周边不得设置营业性娱乐场所、酒吧、互联网上网服务营业场所等不适宜未成年人活动的场所。 营业性歌舞娱乐场所、酒吧、互联网上网服务营业场所等不适宜未成年人活动的场所，不得允许未成年人进入；游艺娱乐场所设置的电子游戏设备，除国家法定节假日外，不得向未成年人提供。经营者应当在显著位置设置未成年人禁入、限入标志；对难以判明是否是未成年人的，应当要求其出示身份证件。	1.《中华人民共和国预防未成年人犯罪法》第三十四条 2.《中华人民共和国禁毒法》第十八条 3.《中华人民共和国刑法》第三百五十七条 4.《中华人民共和国未成年人保护法》第五十八条
	第二单元	6. 我们神圣的国土	整个国际社会都有责任通过合作保护世界自然遗产。	《保护世界文化和自然遗产公约》

续表

年级	单元	课题	《道德与法治》教材上的法治内容	学习要点
五上	第三单元	7. 中华民族一家亲	中华人民共和国各民族一律平等。国家保障各少数民族的合法的权利和利益，维护和发展各民族的平等团结互助和谐关系。禁止对任何民族的歧视和压迫，禁止破坏民族团结和制造民族分裂的行为。	《中华人民共和国宪法》第四条
	第四单元	8. 美丽文字民族瑰宝	国家推广普通话，推行规范汉字。	《中华人民共和国国家通用语言文字法》
五下	第一单元	2. 让我们的家更美好	父母对子女有抚养教育的义务；子女对父母有赡养扶助的义务。	《中华人民共和国婚姻法》第二十一条(节选)
		4. 我们的公共生活	1. 盗窃、损毁路面井盖、照明等公共设施的，处五日以下拘留或者五百元以下罚款；情节严重的，处五日以下十日以上拘留，可以并处五百元以下罚款。 2. 第一百一十七条　为了公共利益的需要，依照法律规定的权限和程序征收、征用不动产或者动产的，应当给予公平、合理的补偿。 第一百三十二条　民事主体不得滥用民事权利损害国家利益、社会公共利益或者他人合法权益。	1.《中华人民共和国治安管理处罚法》第三十七条 2.《中华人民共和国民法总则》

续表

年级	单元	课题	《道德与法治》教材上的法治内容	学习要点
五下	第二单元	5. 建立良好的公共秩序	聚众扰乱车站、码头、民用航空站、商场、公园、影剧院、展览会、运动场或者其他公共场所秩序，聚众堵塞交通或者破坏交通秩序，抗拒、阻碍国家治安管理工作人员依法执行职务，情节严重的，对首要分子，处五年以下有期徒刑、拘役或者管制。	《中华人民共和国刑法》第二百九十一条
		6. 我参与我奉献	1. 全社会应当发扬人道主义精神，理解、尊重、关心、帮助残疾人，支持残疾人事业。国家鼓励社会组织和个人为残疾人提供捐助和服务。 2. 国家保障老年人依法享有的权利。老年人有从国家和社会获得物质帮助的权利，有享受社会服务和社会优待的权利，有参与社会发展和共享发展成果的权利。禁止歧视、侮辱、虐待或者遗弃老年人。 3. 未成年人的父母或者其他监护人应当学习家庭教育知识，接受家庭教育指导，创造良好、和睦的家庭环境。 4. 未成年人的父母或者其他监护人不得实施下列行为： （一）虐待、遗弃、非法送养未成年人或者对未成年人实施家庭暴力。	1.《中华人民共和国残疾人保障法》第七条（节选） 2.《中华人民共和国老年人权益保障法》第三条 3.《中华人民共和国未成年人保护法》第十五条 4.《中华人民共和国未成年人保护法》第十七条

续表

年级	单元	课题	《道德与法治》教材上的法治内容	学习要点
六上	第一单元	1. 感受生活中的法律	生活与法律。	《中华人民共和国劳动法》《中华人民共和国道路交通安全法》《中华人民共和国消费者权益保护法》《中华人民共和国义务教育法》《中华人民共和国教师法》《中华人民共和国广告法》《中华人民共和国国歌法》《中华人民共和国环境保护法》《中华人民共和国婚姻法》
		2. 宪法是根本法	1. 12月4日国家宪法日、宪法具有最高法律效力。 2. 为了惩罚犯罪，保护人民，根据宪法，结合我国同犯罪作斗争的具体经验及实际情况，制定本法。 3. 为了维护国家基本经济制度，维护社会主义市场经济秩序，明确物的归属，发挥物的效用，保护权利人的物权，根据宪法，制定本法。	1.《中华人民共和国宪法》 2.《中华人民共和国刑法》第一条 3.《中华人民共和国物权法》第一条

年级	单元	课题	《道德与法治》教材上的法治内容	学习要点
			4. 为了保护未成年人的身心健康，保障未成年人的合法权益，促进未成年人在德智体美劳全面发展，培养有理想、有道德、有文化、有纪律的社会主义建设者和接班人，培养担当民族复兴大任的时代新人，根据宪法，制定本法。 5. 第十二条　社会主义的公共财产神圣不可侵犯。 第十三条　公民的合法的私有财产不受侵犯。 第二十六条　国家保护和改善生活环境和生态环境，防治污染和其他公害。 第三十八条　中华人民共和国的人格尊严不受侵犯。禁止用任何方法对公民进行侮辱、诽谤和诬告陷害。 第五十六条　中华人民共和国公民有依照法律纳税的义务。	4.《中华人民共和国未成年人保护法》第一条 5.《中华人民共和国宪法》
六上	第二单元	3. 公民意味着什么	未满16周岁的公民自愿领取居民身份证的，发给有效期5年的居民身份证；16~25周岁的，身份证有效期是10年；26~45周岁的，身份证有效期20年；46周岁以上的，身份证长期有效。	《中华人民共和国居民身份证法》

年级	单元	课题	《道德与法治》教材上的法治内容	学习要点
六上	第二单元	4. 公民的基本权利和义务	1. 人身自由权、女性的权利、财产权、选举权与被选举权、文化权利、物质帮助权、劳动权。 2. 宪法规定，任何公民都享有宪法和法律规定的权利，同时必须履行宪法和法律规定的义务，权利和义务是一致的。因此，我们不仅要增强权利观念，也要增强义务观念，自觉履行法律规定的义务。 3. 任何单位和个人都有权检举违反税收法律、行政法规的行为。收到检举的机关和负责查处的机关应当为检举人保密。税务机关应当按照规定对检举人给予奖励。 4. 本公约缔约各国承认人人有权享受社会保障，包括社会保险。 5. 每个儿童有固有的生命权，各国应最大限度地确保儿童的生存与发展。 6. 凡会员国，应通过与现行决定报酬率的方法相适应的何种手段，促使并在与这种方法相一致的条件下保证男女工人同工同酬原则适用于全体工人。 7. 承诺禁止并消除一切形式种族歧视，保证人人有不分种族、肤色或民族或人种在法律上一律平等的权利。	1.《中华人民共和国继承法》《中华人民共和国就业促进法》《中华人民共和国刑事诉讼法》《中华人民共和国老年人权益保障法》《中华人民共和国妇女权益保障法》《中华人民共和国选举法》《中华人民共和国电影产业促进法》 2.《中华人民共和国宪法》 3.《中华人民共和国税收征收管理法》 4.《经济、社会及文化权利国际公约》 5.《儿童权利公约》 6.《男女工人同工同酬公约》 7.《消除一切形式种族歧视国际公约》

续表

年级	单元	课题	《道德与法治》教材上的法治内容	学习要点
六上	第三单元	5. 国家机构有哪些	1. 国家机关名称。 2. 全国人民代表大会是我国最高国家权力机关，它的常设机关是全国人民代表大会常务委员会，简称"全国人大常委会"。根据宪法，全国人民代表大会行使立法权、决定权、任免权和监督权。	《中华人民共和国宪法》
		7. 权利受到制约和监督	1. 行政机关要受到宪法和法律的约束，做到法定职责必须为，法无授权不可为。也就是说，宪法和法律规定的职责，行政机关必须履行；宪法和法律没有授予的权利，行政机关就不能行使。 2. 人民法院根据《中华人民共和国行政诉讼法》公正、及时审理行政案件，切实保障公民的合法权益，有效监督行政机关依法行使职权。	1.《中华人民共和国宪法》 2.《中华人民共和国行政诉讼法》
		8. 我们受特殊保护	1. 6~7周岁是义务教育小学入学年龄。 2. 8周岁是无行为能力与限制行为能力的分界。 3. 12周岁是准许在道路上驾驶自行车、三轮车的最低年龄。 4. 14周岁是因违法行为而可能受到刑法处罚的最低年龄，因违法行为而可能受到行政法处罚的最低年龄。 5. 16周岁未成年人可以离开监护人单独居住，符合条件的中国公民应当申请领取居民身份证。 6. 18周岁是公务员应当具备的最低年龄条件。	1.《中华人民共和国义务教育法》第四十一条 2.《中华人民共和国民法总则》第十九、二十条 3.《中华人民共和国道路交通安全法实施条例》第七十二条

续表

年级	单元	课题	《道德与法治》教材上的法治内容	学习要点
			7.《中华人民共和国义务教育法》是我国为了保障适龄儿童、少年接受义务教育的权利，保证义务教育的实施，提高全民族素质而制定的法律，于1986年通过，经过三次修正。强调教育公平、教育均衡的理念，关注弱势群体的受教育问题是这部法律的重要特点。 8.《中华人民共和国未成年人保护法》是我国第一部专门保护未成年人各项合法权利的法律。这部法律于1991年通过，经过两次修正，明确了对未成年人的家庭保护、学校保护、社会保护和司法保护。该法为促进未成年人的健康成长提供了更好的法律保障，体现了国家对未成年人的关心和爱护。 9.《中华人民共和国预防未成年人犯罪法》是为了保障未成年人身心健康，培养未成年人良好品行，有效地预防未成年人犯罪而制定的法律。这部法律于1999年通过，2012年修正。该法明确了各级教育、行政、司法部门以及其他社会组织和家庭在预防未成年人犯罪方面的教育、防范和矫治等职责。 10. 我国于2015年制定了《中华人民共和国反家庭暴力法》，2016年3月正式施行。该法规定，未成年人的监护人应当以文明的方式进行家庭教育，依法履行监护和教育职责，不得实施家庭暴力。家庭成员之间以殴打、残害、限制人身自由以及经常性谩骂、恐吓等方式实施的身体、精神等侵害行为，都属于家庭暴力。	4.《中华人民共和国刑法》第十七条 《中华人民共和国行政处罚法》第二十五条 5.《中华人民共和国预防未成年人犯罪法》第十九条 《中华人民共和国居民身份证法》第二条 6.《中华人民共和国公务员法》第十三条 7.《中华人民共和国义务教育法》 8.《中华人民共和国未成年人保护法》 9.《中华人民共和国预防未成年人犯罪法》 10.《中华人民共和国反家庭暴力法》

续表

年级	单元	课题	《道德与法治》教材上的法治内容	学习要点
六上	第四单元	9. 知法守法 依法维权	1. 张彤的爸爸被施工队拖欠工资。 2. 王晓梦和妈妈在小区散步时被一条没拴狗链的狗咬伤。 3. 何洁上街购物时，被人偷走钱包。 4. 刘文娟的叔叔对交警作出的罚款决定不服。 5. 罗某某初中没毕业，家里人就让他辍学打工。 6. 贾某某的爸爸经常在酗酒后打他。 7. 15周岁的蒋某某参与贩卖毒品被警察抓住。 8. 学校附近刚开了一家网吧，小学生杨某某放学后经常偷偷去那里打游戏。	1.《中华人民共和国劳动法》 2.《中华人民共和国侵权责任法》 3.《中华人民共和国治安管理处罚法》 4.《中华人民共和国行政诉讼法》 5.《中华人民共和国义务教育法》 6.《中华人民共和国反家庭暴力法》 7.《中华人民共和国预防未成年人犯罪法》 8.《中华人民共和国未成年人保护法》
六下	第一单元	1. 学会尊重	1. 中华人民共和国公民在法律面前一律平等。国家尊重和保障人权。 2. 中华人民共和国公民的人格尊严不受侵犯。禁止用任何方法对公民进行侮辱、诽谤和诬告陷害。 3. 我国宪法明确规定，公民的人格尊严不受侵犯。由此看来，尊重他人既是道德要求，也是法律要求。	1.《中华人民共和国宪法》第三十三条 2.《中华人民共和国宪法》第三十八条 3.《中华人民共和国宪法》

年级	单元	课题	《道德与法治》教材上的法治内容	学习要点
六下	第二单元	2. 学会宽容	放火、决水、爆炸以及投放毒害物、放射性、传染病病原体等物质或者以其他危险方法危害公共安全，尚未造成严重后果的，处三年以上十年以下有期徒刑。	《中华人民共和国刑法》第一百一十四条
六下	第二单元	4. 地球——我们的家园	为保护和改善环境，防治污染和其他公害，保障公众健康，推进生态文明建设，促进经济社会可持续发展，修订后的《中华人民共和国环境保护法》于2015年1月1日起施行。	《中华人民共和国环境保护法》
		5. 应对自然灾害	任何单位和个人不得破坏、侵占、毁损水库大坝、堤防、水闸、护岸、抽水站、排水渠系等防洪工程和水文、通信设施以及防汛备用的器材、物料等。	《中华人民共和国防洪法》第三十七条
	第四单元	8. 科技发展造福人类	国家禁止危害国家安全、损害社会公共利益、危害人体健康、违反伦理道德的科学技术研究开发活动。	《中华人民共和国科学技术进步法》第二十九条
		10. 我们爱和平	我们全世界的儿童，向世界宣告：未来的世界，应该和平。 我们要一个没有战争和武器的星球，我们要消灭破坏和疾病。 我们再也不要仇恨饥饿，我们再也不要无家可归的事情发生。 我们将共享大地给予我们的足够食品，我们将保卫天空中美丽的彩虹。	《儿童和平条约》

(二)附件2：洪山区小学道德与法治课堂教学评价标准(试行)

洪山区小学道德与法治课堂教学评价标准

(试 行)

评价内容	评价标准	评价等级				得分
		甲	乙	丙	丁	
活动目标	1. 能从教材和学生生活实际出发，全面、准确地体现课程目标。 2. 目标明确、恰当、具体，注重多维目标的整合，发展性目标适度，并在活动中有所体现。	9~10	7~9	6~7	6以下	
活动内容	1. 根据学生的生活需要，结合教材特点，选择与学生生活息息相关、与社会实际密切联系的教学活动内容，创造性地处理教材。 2. 能渗透对学生的品德、法治教育，促进学生社会性发展，并开展有教育价值的活动。 3. 有综合各学科知识的意识，体现学科的综合性。	14~15	12~14	9~12	9以下	
活动过程	1. 根据活动主题内容组织的活动形式灵活多样，活动设计有生活性、趣味性、启发性、针对性及连续性。 2. 巧妙创设情境，激发每个学生的学习兴趣，留给学生充分的时间和空间，让学生充分地活动、体验乃至创造，引导学生在活动中探究，丰富和发展学生的社会生活经验。 3. 帮助学生寻找、收集和利用学习资源，培养学生查询、评估、加工应用新知识和信息的能力，引导学生体验、理解、感悟所参加的活动。 4. 通过活动营造学生积极学习的心理氛围，让学生健康安全、愉快积极地生活，有责任感、有创意地生活，为未来参与社会打下基础。 5. 教师组织的活动要向学校、家庭、社会延伸，帮助学生在活动中合作交流，促进学生品德的形成和社会性发展。	44~50	37~44	30~37	30以下	

续表

评价内容	评价标准	评价等级				得分
		甲	乙	丙	丁	
教师素质	1. 教态亲切自然，语言规范生动，表达清晰。 2. 把握课堂教学流向，正确、灵活地处理课堂上生成性的问题。 3. 能充当学生的"活字典""资料库"，教学信息反馈全面、及时、充分。 4. 实现教师角色的转变，由单纯的知识传授者转变为儿童活动的指导者、支持者、合作者。	9 ~ 10	7 ~ 9	6 ~ 7	6 以 下	
教学效果	1. 学生在活动中，认识社会的能力、创造思维的能力、判断事物的能力、与人交往的能力得到充分发挥。 2. 学生能在活动中培养自己良好的学习、生活习惯。 3. 学生能关注并参与家庭、学校、社区的活动，并用所学知识解决生活中的各类问题。 4. 学生能保持对学习的兴趣，气氛活跃，师生交流融洽互动。	14 ~ 15	12 ~ 14	9 ~ 12	9 以 下	

综合总评	甲	乙	丙	丁	总得分	
	≥90分	89~75分	74~60分	<60分	等级	

（三）附件3：学生问卷调查分析

附件3

说明：本次问卷共调查了洪山实验小学、广埠屯小学和平分校、广埠屯小学湖工分校三所学校。其中问卷有效填写人数为742人，从问卷的结果来看，学生整体的法治意识较强，法治知识掌握较牢固，懂得在生活中运用法律武器来保护自己的权益。问卷及结果分析如下：

题号	题目	选项						正确率
		频次	百分比（%）	频次	百分比（%）	频次	百分比（%）	
1	本学期的道德与法治学科教学内容都上完了吗？	A. 上完了（694）	93.53	B. 没上完（48）	6.47			
2	你喜欢道德与法治这门学科吗？	A. 喜欢（725）	97.71	B. 不喜欢（17）	2.29			
3	生活中你会用道德与法治学科中学到的法律知识保护自己的权益吗？	A. 经常会（561）	75.61	B. 偶尔会（170）	22.91	C. 不会（11）	1.48	
4(1)	中国公民如果在海外遇到紧急情况，可以拨打（ ）热线电话求助。	A. 12308（546）	73.58	B. 12315（103）	13.88	C.12366（93）	12.53	73.58%
4(2)	作为社会生活的基本规则，为我们设定了行为准则，提供了外部保障，维护着我们日常生活的是（ ）。	A. 道德（125）	16.85	B. 法律（587）	79.11	C. 纪律（30）	4.04	79.11%

续表

题号	题目	选项						正确率
		频次	百分比(%)	频次	百分比(%)	频次	百分比(%)	
4(3)	规定国家和社会生活中的根本问题的是( )。	A. 宪法(575)	77.49	B. 刑法(26)	3.50	C. 民法(141)	19	77.49%
4(4)	下列关于我国法律的观点正确的是( )。	A. 刑法是规定犯罪和刑罚的法律(580)	78.25	B. 行政法是维护人们日常生活秩序的主要法律(57)	7.80	C. 民法是约束行政机关的权力,督促其履行自己的职责,管理公共事务,为公众提供服务(105)	13.95	78.25%
4(5)	全国各族人民、一切国家机关和武装力量、各政党和社会团体、各企事业单位组织,都必须以( )为根本的活动准则。	A. 宪法(584)	78.71	B. 民法(105)	14.15	C. 刑法(53)	7.14	78.71%
4(6)	我国( )年制定了《中华人民共和国反家庭暴力法》	A. 2017(85)	11.46	B. 2016(172)	23.18	C. 2015(485)	65.36	65.36%

续表

题号	题目	选项						正确率
		频次	百分比（%）	频次	百分比（%）	频次	百分比（%）	
5（1）	宪法是公民权利的保障书。	A. 正确（698）	94.07%	B. 错误（44）	5.93			94.07%
5（2）	出国的人就不是中国公民了。	A. 正确（22）	2.96	B. 错误（720）	97.04			97.04%
5（3）	民法是维护人们日常生活秩序的主要法律。	A. 正确（667）	89.89	B. 错误（75）	10.11			89.89%
5（4）	违反法和违反学校的纪律是一样的。	A. 正确（111）	14.96	B. 错误（631）	85.04			85.04%
5（5）	国家机构是国家机关的统称。	A. 正确（457）	61.59	B. 错误（285）	38.41			61.59%
5（6）	犯罪后就判刑，就失去公民身份了。	A. 正确（85）	11.46	B. 错误（657）	88.54			88.54%
5（7）	年满18周岁的中华人民共和国公民都享有选举权和被选举权。	A. 正确（643）	86.66	B. 错误（99）	13.34			86.66%
5（8）	参政议政不仅仅是成年人的事，作为小学生我们也可以参与。	A. 正确（667）	89.97	B. 错误（275）	9.03			89.97%

（四）附件 4：家长问卷调查分析

附件 4

说明：本次问卷共调查了洪山实验小学、广埠屯小学和平分校、广埠屯小学湖工分校三所学校。本次问卷有效回收人数 803 份，从问卷的结果来看，大多数家长对孩子的法治教育十分重视，家长自身的法治意识较强，法治知识掌握较牢固，但仍有一定的提升空间。问卷及结果分析如下：

题号	题目	选项														正确率
		频次	百分比（%）	频次	百分比（%）	频次	百分比（%）	频次	百分比（%）	频次	百分比（%）	频次	百分比（%）	频次	百分比（%）	
1	您孩子的性别是（　）。	A. 男（438）	54.55	B. 女（365）	45.45											
2	您是孩子的（　）。	A. 母亲（604）	75.22	B. 父亲（178）	22.17	C. 爷爷（0.5）	1.48	D. 奶奶（7）	0.87	E. 外公（0）	0.00	F. 外婆（3）	0.37	G. 其他亲戚朋友（7）	0.87	
3	您的职业是（　）。	A. 公务员（2）	0.25%	B. 企事业单位（133）	16.56%	C. 个体商户（159）	19.80%	D. 自由职业者（241）	30.01%	E. 其他（268）	33.37					

续表

题号	题目	选　项						正确率
		频次	百分比(%)	频次	百分比(%)	频次	百分比(%)	
4	您是否经常和孩子谈论法律问题（　）。	A. 经常(264)	32.88	B. 偶尔(507)	63.14	C. 从不(32)	3.99	73.58%
5	您是否关注学校对你孩子法治意识的培养？	A. 是(749)	93.28	B. 否(54)	6.72			79.11%
6	生活中您的孩子会将道德与法治学科中学到的法律知识保护自己和家人的权益吗？	A. 是(708)	88.17	B. 否(95)	11.83			77.49%
7	您是否关注学校的道德与法治课程的实施？	A. 是(716)	89.17	B. 否(87)	10.83			78.25%
8	您是否赞同学校开展安全教育等法制宣传活动?	A. 是(795)	99.00	B. 否(8)	1.00			78.71%

续表

题号	题目	选项						正确率
		频次	百分比(%)	频次	百分比(%)	频次	百分比(%)	
9	您是否关注学校法治进课堂系列活动开展的实效?	A.是(754)	93.90	B.否(49)	6.10			65.36%
10	全国各族人民,一切国家机关和武装力量,各政党和各社会团体、各企业事业单位组织,都必须以( )为根本的活动准则。	A.宪法(697)	86.80	B.法律(81)	10.09	C.刑法(25)	3.11	86.80%
11	( )是每个人作为人所应当享有的权利。	A.人权(633)	78.83	B.监督权(24)	2.99	C.选举权(93)	18.18	78.83%
12	我国的最高权力机关是( )。	A.国务院(89)	11.13	B.全国人民代表大会(612)	76.09	C.全国人民代表大会常务委员会(102)	12.79%	76.09%

续表

题号	题目	选项														正确率
		频次	百分比(%)	频次	百分比(%)	频次	百分比(%)	频次	百分比(%)	频次	百分比(%)	频次	百分比(%)			
13	法律保护了我们的权利，下列不属于权利的是（ ）。	A. 人身权(89)	11.08	B. 受教育权(195)	24.28	C. 遵守交通法规权(519)	64.63									64.63%
14	一家工厂向河里排放污水，导致大量鱼虾死亡，这触犯了（ ）。	A.《中华人民共和国婚姻法》(12)	1.49	B.《中华人民共和国环境保护法》(787)	98.01	C.《中华人民共和国广告法》(4)	0.50									98.01%
15	未满16周岁的公民自愿领取居民身份证，发给有效期（ ）年的居民身份证。	A. 15年(60)	7.47	B. 5年(702)	87.42	C. 20年(41)	5.11									87.42%

续表

题号	题目	选项											正确率
		频次	百分比(%)	频次	百分比(%)	频次	百分比(%)	频次	百分比(%)	频次	百分比(%)	频次	
16	我国宪法规定：公民的人格尊严不受侵犯，禁止用任何方法对公民进行侮辱、诽谤和诬告陷害，下列行为中属于违反这一条款的是（　）。	A. 县政府投入资金植树造林(63)	7.85	B. 李华因为闯红灯被罚款100元(45)	5.60	C. 刘伟在微博上谩骂同事，人民法院判决小亮公开赔礼道歉(695)	86.55						86.55%
17	小华的爸爸经常在酗酒后打她和妈妈，他应该用哪部法律保护自己?	A.《反家庭暴力法》(784)	10.46	B.《预防未成年人犯罪法》(12)	71.98	C.《中华人民共和国义务教育法》(7)	0.87						71.98%

（五）附件 5：教师问卷调查分析

附件 5

教师问卷结果一览表

说明：本次问卷共调查了洪山实验小学、广埠屯小学和平分校、广埠屯小学湖工分校三所学校。本次针对于教师的问卷共回收有效问卷 75 份，从问卷的结果来看，道法教师中女教师较多，男教师占比较少，仅为 28%；从问卷结果来看，年级分配均均匀，初中级职称教师以及拥有本科学历的教师占比较多，值得一提的是道法教师中专职教师占比较少，老师们法治知识掌握扎实且十分重视课中法治教学的渗透，重视学生法治素养的提升，日常教学取得了良好的效果。所提建议中，多聘请道法专任教师，开展法治活动进校园等普法实践活动，以及联系生活实际进行趣味化法治教学是道法教师们的普遍诉求。

题号	题目	选 项											
		频次	百分比（%）	频次	百分比（%）	频次	百分比（%）	频次	百分比（%）	频次	百分比（%）	频次	百分比（%）
1	您的性别是？	A. 男（3）	4.00	B. 72（365）	96.00								
2	您所教年级是？	A. 一年级（10）	13.33	B. 二年级（13）	17.33	C. 三年级（19）	25.33	D. 四年级（14）	18.67	E. 五年级（11）	14.67	F. 六年级	10.67

续表

题号	题目	选　项									
		频次	百分比(%)	频次	百分比(%)	频次	百分比(%)	频次	百分比(%)	频次	百分比(%)
3	您的教龄是?	A. 1—5年(24)	32.00	B. 6—10年(17)	22.67	C. 11—15年(4)	5.33	D. 16—20年(4)	5.33	E. 20年以上(26)	34.67
4	您的学历是?	A. 中专(1)	1.33	B. 大专(11)	14.67	C. 本科(48)	64.00	D. 硕士(15)	20.00	E. 博士(0)	0
5	您的职称是?	A. 初级(45)	60.00	B. 中级(20)	26.67	C. 高级(10)	13.33				
6	您是道德与法治学科的专任教师吗?	A. 是的(21)	28.00	B. 不是(54)	72.00						
7	开展青少年法治教育,以( )为核心。	A. 无法教育(46)	61.33	B. 现实教育(2)	2.67	C. 社会主义核心价值观(26)	34.67	D. 科学发展观(1)	1.33		

续表

题号	题目	选项							
		频次	百分比(%)	频次	百分比(%)	频次	百分比(%)	频次	百分比(%)
8	小学阶段法治教育的目标是?	A. 着重普及宪法常识，养成守法意识和行为习惯(4)	5.33	B. 让学生感知生活中的法、身边的法(2)	2.67	C. 培育学生的国家观念、规则意识，诚信观念和遵纪守法的行为习惯(4)	5.33	D. 能够指出法律的不足之处，建立健全法律法规(65)	86.67
9	您认为道德与法治课中法治教育重要吗?	A. 重要(100)	100	B. 一般(0)	0	C. 不重要(0)	0		
10	在您的课堂教学中，涉及法治知识您是如何处理的?	A. 不重要，没有专门讲解过(0)	86.80	B. 一笔带过，带领学生读一读(1)	1.33	C. 详细讲解，通过联系生活实际等方法让学生熟知(74)	98.67		

续表

题号	题目	选项									
		频次	百分比(%)	频次	百分比(%)	频次	百分比(%)	频次	百分比(%)	频次	百分比(%)
11	您认为课堂中对学生开展的法治教育的效果如何？	A. 非常好(57)	74.00	B. 效果一般(18)	24.00	C. 不好(0)	18.18				
12	除了课堂教学外，您有组织过法治教育相关活动吗？	A. 经常有(29)	38.67	B. 偶尔有(44)	28.67	C. 从未有过(2)	2.67				
13	依据现行《宪法》规定，中华人民共和国的根本制度是（　）。	A. 社会主义制度(54)	72.00	B. 民主集中制(3)	4.00	C. 人民民主专政制度(18)	24.00				
14	我国最高权力机关是（　）。	A. 国务院(11)	14.67	B. 中华人民共和国主席(1)	1.33	C. 全国人民代表大会(63)	84.00				
15	未成年人保护法规定，任何组织和个人不得招录未满（　）周岁的未成年人，国家另有规定的除外。	A.15(6)	7.47	B.16(74)	92.53	C.17(0)	0.00				

续表

题号	题目	选项											
		频次	百分比（%）	频次	百分比（%）	频次	百分比（%）	频次	百分比（%）	频次	百分比（%）	频次	百分比（%）
16	您对法治教学有什么意见和建议？	多组织法治实践活动；多开展法治活动进校园；法治实践老师来教更更好；法治要多联系生活实际，要多用生动有趣的课伴加以宣传效果更好。		多在校园内普及法治知识，开展相关的讲座活动等；学法用法，国家法治部门进校园开展活动进行教育活动，效果会更好；进行法治教学应组织教师先学习。		（1）小学道法课课也是活动课，科学课是有实验器材的，道法课网上也有配套实验器材，价格和科学是差不多的，希望能给小学生配道法活动器材；（2）习近平新时代学生读本很好，在9月刚开学也接受过培训，学校没有开这门课，感觉很可惜，个人认为这节课还是有必要开起来的；（3）建议小学每个年级每星期增加1节道法课。低年级内容居多，讲解完了之后，指导学生进行活动更能让学生领会到其中的情，需要时间。目前的课节，足够上完课本和安排小部分活动，活动不够，高年级涉及法律知识多，课堂答疑时间很少，需要增加课节数量。					

85

参考文献

[1]周承丁.整合教材发挥高中思想政治课的法治教育功能[J].思想政治课研究,2015(05):98-99,103.

[2]梁华迅.浅谈如何在初中思想品德课教学中渗透法制教育[J].教育教学论坛,2014(31):257-258.

[3]吴丹.思想品德课教学中渗透法制教育的探索[J].焦作师范高等专科学校学报,2011,27(02):87-88.

[4]闫玉芳.浅议初中思想品德课中法制教育的渗透[J].教育教学论坛,2011(33):110,104.

[5]杨梦姣.思想品德课教学中法治教育研究[D].石家庄:河北师范大学,2016.

[6]林海榕.案例教学法在大学生法制教育中的作用研究[J].黑龙江教育学院学报,2010,29(12):50-52.

[7]中华人民共和国教育部制定.品德与生活课程标准[M].北京:北京师范大学出版社,2011:1.

[8]教育部司法部全国普法办关于印发《青少年法治教育大纲》的通知.2016-06-28.

[9]赵婀娜.当教育指向核心素养[N].人民日报,2016-11-24(17).

[10]朱小蔓.义务教育道德与法治教师教学参考用书(一年级上)[M].杭州:浙江教育出版社,2016:3.

[11]张紫屏.基于核心素养的教学变革[J].全球教育展望,2016(7):3-13.

[12]浅谈如何在道德与法治教育课程中渗透核心素养培养[J].新课程,2018(4).

[13]谢八声.如何提高小学生道德与法治教学的有效性[J].新课程研究,2009(02):73-74.

[14]宋秉儒.初中道德与法治课教学评价探究[J].新课程,2009(01):75-76.

[15]郎晓波.新时代中国特色社会主义社会治理体系的逻辑框架及战略方向[J].理论导刊,2018(2).

[16]张旸,刘姣,张媛.小学道德与法治学科核心素养指标框架建构研究[J].教育科学研究,2021(5):7.

[17]余雅风,吴会会.深化依法治国实践亟须提升中小学法治教育实效[J].中国教育学刊,2018(3):2.

[18]廖光华.小学《道德与法治》中法治意识培育的要素、分布及其教学实现[J].素质教育,2020(2):7.

[19]张文敬.法治精神审视下的中小学法治教育[J].中小学德育,2017(10):6.

[20]金利.统编《道德与法治》六年级上册教学建议[J].课程·教材·教法,2019(10):40.

[21]章乐.道德教育与法律教育的融合及其限度——兼论小学《道德与法治》教材中道德教育与法律教育的关系[J].课程·教材·教法,2019(10):37.

[22]高德胜.法律教育与德育课程[J].课程·教材·教法,2016(2):73.

[23]郭宏茹.多元评价——打造小学道德与法治课堂教学新模式[J].教师,2021(03):15-16.

[24]汪姗姗.东乡县S中学《道德与法治》课程实施现状的调查研究[D].兰州:西北师范大学,2020.

[25]杨岚.国家认同教育融入中小学课程现状调查研究——以天津市八所中小学为例[D].天津:天津师范大学,2020.

[26]杨启慧.新中国小学德育课程价值取向的嬗变及其重构研究[D].重庆:西南大学,2020.

小学品德课程生活化教学实效性研究

武汉市洪山区教育科学研究院　黄莹

【摘要】提高课堂教学的实效性是学校教育的一个永恒而又质朴的主题。实效性是课堂教学的生命。实效性的核心问题是什么？就是教学的效益。而品德课程的教学有无效益就体现在学生通过学习是否能用课中所学来指导自己的生活，提高生活质量，促进自我全面发展，并能否融入当今社会，参与社会，成为一个合格的小公民。

【关键词】品德课程；生活化教学；实效性

一、课题的提出

儿童是在真实的生活世界中感受、体验、领悟并得到各方面的发展的。重视课程与儿童生活世界的联系，让课程变得对儿童有意义，这将有利于他们构建真正属于自己的知识和能力，形成内化的道德品质。

过去，小学思想品德课教育把儿童的个人生活和社会生活从生活中剥离开来，讲空洞的道理多，教科书的内容与学生的生活相距甚远，学生的好奇心、求知欲和有意义的生活体验完全被湮灭、被剥夺，学生感受不到生活的丰富意义和价值。品德教育成了无源之水、无本之木，针对性和实效性不强。

在这次基础教育课程改革中，小学低年级阶段将品德课与生活课综合设置"品德与生活"课；在中高年级将品德课与社会课综合设置"品德与社会"课。

这是一项重大的课程改革举措，此项举措的最主要意义就是：通过课程的综合为小学生开辟一条通向他们生活的渠道，使他们在生活的内在联系中获得整体的发展，特别是有利于他们的品德与社会性发展。此次课程改革，就是要加强课程内容与现代社会、科技发展与学生生活的联系。因为学生品德形成和社会性发展是从他们对生活的认识、体验和感悟开始的，也就是"儿童的现实生活对其品德形成和社会性发展具有特殊的价值"。我们要引导学生过真生活，学生只有在他们能感受到的、观察到的、正在过的生活基础上，才能过更有意义的生活。"本课程遵循儿童的生活逻辑，以儿童的现实生活为课程内容的主要源泉，以密切联系儿童生活的主题活动或以正确的价值观引导儿童在生活中发展，在发展中生活。""品德与社会课程是在小学中高年级开设的一门以儿童的社会生活为基础，促进学生良好品德形成与社会性发展的综合课程。"（《品德与生活、品德与社会课程标准》）。在此，我们洪山区提出此课题："小学品德课程生活化教学实效性研究"，希望学生能在真实的课堂生活中去体验、感悟，而内化为自身的道德情感，并能摸索出一套有效的品德课程生活化教学模式、策略、操作方法，激活教学，搞活课堂，让学习焕发生命活力，提高品德教育的实效性。从 2016 年起，将义务教育小学和初中年级"品德与生活""品德与社会""思想品德"教科书名称统一更改为"道德与法治"。对课程目标、课程结构、课程内容、课程实施、课程评价、课程管理等六个方面都做了明确具体的规定。

二、研究成效

在市教研室孙玮老师及特级教师孙民等专家指导下，通过三年的研究，我区在此课题研究中初步取得以下成效：

1. 初步进行生活化品德教学的策略研究，形成生活德育教学的基本理念

（1）转变理念，让课堂回归生活。

当前，在基础教育课程改革的大潮迅猛推进的时代背景下，作为新课程改革的重要实施者与组织者，每一位德育教师必须重新审视本课程的特点与自己的职业定位，转变教学理念，从少年儿童的年龄特点和身心发展规律出发，教育学生学会生活，学会做人，乐于探究，勇于创新，"努力创设适宜的活动环境与条件，灵活多样地选用教学活动和组织形式"，因地制宜地开发与利用本土化的德育资源，帮助学生"获得丰富的情感体验，形成积极的生活态度，养成良好的行为习惯，提高适应社会的能力"。

例如，在"走近残疾人"教学活动中，教师课前先要求学生在大街上走一走，认真观察生活中的残疾人，收集有关残疾人的相关资料，然后组织学生进行汇报和交流，在小组互相交流的基础上，教师又引导学生围绕"你想为残疾人做什么"进行讨论，引导他们对自己的所见、所闻、所思、所想进行反思和提炼，将体验转化为深刻的认识和行动。学生在用眼看、用耳听和用心感悟的基础上，深刻地体验到了残疾人在日常生活中的诸多不便，唤起了同学们对残疾人的关注。

因此，教师必须彻底摒弃那种教"教科书"的习惯，从经验中走出来，将课堂教学活动从课内向课外延伸，从校内向校外拓展。回归儿童真实的生活，对生活开放，对社会开放，让儿童自主实践，自主体验，自主感悟，才能让学生愉快地生活、积极地生活，为适应学校生活和未来参与社会生活打下基础，才能让学生从体验中获得正确的认识，建构起自己的内心道德标准。

(2)活动体验，让课堂贴近生活。

课程标准明确指出：儿童的品德和社会性源于他们对生活的认识、体验和感悟，儿童的现实生活对其品德的形成和社会性发展具有特殊的价值。因此，品德课堂的教学更关注学生通过一个个主题活动让儿童获得情感体验，让学生在活动中亲身实践、独立思考、合作探究，发展学生主动收集和处理信息的能力，获取新知识的能力，分析解决问题的能力以及交流与合作的能力，让他们从自己的世界出发，用自己的眼睛观察社会，用自己的心灵感受社会，用自己的方式研究社会。

例如，教授"购物小窍门"这节课时，以模拟超市购物的手段，分别让学生扮演超市的部门经理、营业员、顾客，真实再现孩子们在购物过程中的种种表现。以儿童身边真实的生活世界为背景，以购物为活动的主线索，以评议、讨论、情景表演为载体。在孩子们购物完后，又组织担任"营业员"对这些"顾客"购物的表现进行评议，评价他们在购物时的行为，让孩子们通过模拟购物这一亲身体验的活动，让他们从自己的世界出发，用自己的眼光观察社会，用自己的心灵感受社会，从而明白怎样购物才能成为一名文明的顾客。

模拟实践活动使得学生广泛地接触和了解了社会，强化了课程内容与学生生活实际的密切联系，使得课堂更加贴近生活。因此，教师应创设条件尽可能地向社会延伸，积极地开发和利用地方和本校的各种课程资源，以满足学生不同学习方式的需要，创造条件让学生积极参与社会实践，体验社会生活，在理解和感悟中受到教育，获取经验，逐步提高学生认识社会、参与社会、适应社会的能力。

(3)关注社会，让课堂源于生活。

品德与社会是一门融思想品德教育和社会基础知识于一体的综合学科，具有社会性和实践性。为此，教师应根据具体的教学内容，有计划地组织学生开展社会调查、参观、社会服务等活动，让学生走出学校这个小课堂，走进社会这个大课堂，体验现实生活。

例如，"探索古遗迹"这个主题，教材给我们提供了长城、兵马俑、大足石刻这三个有代表性的世界文化遗产，从科学、历史、艺术的角度，展示了中华文化的丰富与精深。课前，教师发现学生对祖国文化遗产的了解大多数是从书本上、电视里得到的信息，这些知识是零碎的，感受是浅显的。

因此，在教学中，先抛出这样一个问题：哪些同学去过长城？来给我们谈谈。这样调动学生已有的生活经验，一下子拉近了自己与古遗迹的距离。然后通过介绍长城获得的两项吉尼斯世界之最，引发学生主动探究长城的兴趣。在探究过程中，他们既能进行独立的思考与分析，又能相互交流搜集的资料，对长城的感受也不仅仅停留在雄伟壮观上，而是升华到了"情"：有对劳动人民付出血汗的同情，有对劳动人民聪明才智的钦佩之情，也有一种身为中华儿女的自豪之情。

(4)利用资源，让课堂高于生活。

品德的教学活动不能只停留在学生已有的基础上，要源于生活，又高于生活，以促进儿童发展，不断丰富和深化学生的生活经验。而丰富与深化学生的经验也离不开社会实践。所以，教师要积极开发和利用好本地区和本校的课程资源，不断丰富和更新教学内容，使自己的人生更多姿多彩。

如教授"生活中的你我他"一课时，先让学生课前到商店、医院、超市、居民点等地方调查，了解不同行业、不同职业、不同角色所承担的社会责任，再让学生说说他们是怎样为人们服务的？通过学生广泛地接触社会，使学生认识到不同的职业有不同的分工，每一种职业都对社会有贡献，每一种职业的劳动都是人们生活离不开的。

学生在广泛接触社会，开展社会调查实践活动的同时，能更好地理解我们每个人都要扮演好的角色，承担好自己的责任，有利于培养和强化学生的社会责任意识，增强学生的道德观念，提高学生道德规范的履行。

(5)重视评价，让课堂指导生活。

有效的课堂评价对学生的健康成长和发展起着促进作用，教师在教学评价时不仅要关注学生知识目标的达成，更应关注学生情感态度价值观的形成和能力的培养。

现在课堂上教师大多能给予学生及时评价，但有的教师评价用语太笼统，不论学生如何回答教师总是说"你真棒""回答得真好"，这样学生并不清楚他到底哪里做得好、回答得好，时间一长，这样的评价就会失去激励作用。从另一方面也反映出我们的教师并没有认真听、没有用心去关注学生。教师应针对学生的具体情况给予确切的、具体的评价，避免千人一面。

还有一种现象就是教师的评价偏离了教学目标，缺乏针对性或导向不清。我们经常可以听到教师把赞美的评价给了一些语言表达能力强的学生，而忽视了一些说得磕磕绊绊，但却是真实感受的同学，教师一定要注意德育课关注的是学生情感的体验，而不能偏离目标像语文课那样关注学生的文字组织能力。另外教师不仅要重视课堂及时评价，而且要重视实践环节的评价，关注学生在实践中的态度和发展变化，而我们许多教师常常忽略了实践环节的评价，失去了很好的德育教育机会。还有些教师没有认识到教学评价不仅有教师对学生的评价，还应有学生自评和互评。

教师应运用好教学评价手段，认真倾听学生的话语，实事求是、恰如其分地和学生进行心灵间真诚的对话，使他们能在评价中认识自我，体验成功，发现不足，不断改进自我，完善自我，促进道德认知的发展，这是提高教学实效性不可或缺的一部分。

2. 构建生活化品德教学模式，提高课堂教学实效性

在着手查阅关于小学品德课生活化课堂教学活动方面的有关资料，并设计了针对教师与学生的调查问卷，充分了解品德课程生活化课堂教学的现状后，我们洪山区开始进行以"生活化"为特征的课堂教学模式的研究探索。通过实践，在立足学生的生活实际的基础上，建构了"走进生活—感悟生活—回归生活"的生活化课堂教学模式。

（1）走进生活：在教学过程中，教师要充分了解学生的生活实际，知道学生已有的生活经验，紧密联系学生的家庭生活、学校生活和社会生活实际状况，将学生的社会生活引入课堂。然后精心设计贴近学生生活实际的课堂情境，从学生的日常生活中选择有代表性的、具有普遍意义的或典型意义的事例，进行加工，以富有浓厚生活气息的生活主题、范例或者"生活图景"的形式呈现在学生面前，引导学生积极投入情境，参与到活动或游戏中去，让学生在活动或游戏中亲身体验，从而感悟到做人的点滴道理，让学生在真实的生活情境中积极参与思辨，从而更好地理解教学内容，激发道德情感，提高道德认识。

教师要根据教学目标，在了解学生实情的基础上，想方设法拉近课程内容与学生生活实际的距离，找准教学的结合点，精心创设贴近生活的情境，要以"情"入境，渲染真实的情境；要以"趣"入境，创设有童趣的情境；要以"疑"入境，创设有疑惑的情境。让学生真实地表现、自由地发挥、自主地体悟，让课堂教学成为引导学生在生活中学习道德的重要途径。

（2）感悟生活：引导学生在设计的一定情境下的活动，通过他们的亲身经历和体验，强化学生的内心体验，指导学生在课堂生活中学习道德、感悟道德。活动本身不是目的，活动只是实现教育目标的一种手段，活动的目的在于能够使学生内心有所触动，产生感悟，帮助学生在原有的生活经验上再构建新的生活经验，并指导现实的生活，促进教学目标更好地达成。教师也可以根据教学需要带学生走出教室，充分利用社会资源，扩大学生的视野，让学生全身心地投入社会生活，接触不同行业，体验不同社会角色，在社会实践中观察、感悟、验证课堂上习得的思想品德认识，促使道德行为在学生不断的实践体验过程中得到完善。帮助学生置身于实际生活的道德情境中，学会推己及人地考虑和处理问题。

我们把课程实施也看作一种生活，这种生活是由教师和学生共同建构的，教师要与学生积极愉悦地共同生活，他们在活动中应成为一个共同体。这个共同体中教师和学生在人格上是平等的，只不过在课程中承担的角色是不同的，教师应引导学生积极主动地投入学习活动之中，以一颗童心与学生同感同乐，以一颗爱心关注学生成长，在与学生不断发生的互动、对话、交流、沟通中引导他们参与学习活动，从而产生真情实感，实现经验的重建，促进师生共同成长。

（3）回归生活：教学要关注儿童当下的现实生活，帮助学生将学习内容内化为生活中的认识和表现，对学生的实际生活产生积极的作用和影响，让他们用课堂上学到的东西，去指导自己的生活，学会生活，提升生活。教学不是、也不应该是儿童现实生活的复制和照相式的再现，更不能仅仅停留在把儿童的生活带进教室、模拟生活、交流经验的层面。教学还应该以提高儿童的生活能力（包括情感态度、价值观念、生活技能、行为习惯）为依归，指导和引领儿童的生活实践。也就是说，我们要实现课程、教材、教学向儿童生活的回归；还应该致力于使课程、教材、教学再回到儿童的生活中去，对儿童的生活产生积极的作用，发展儿童的生活能力，引领儿童更好地生活。

教学要走出教室，走进真实的生活天地，融入儿童的生活过程之中。这样的教学，紧密结合学生的实际生活，通过学生的"真实生活"来进行，课堂中讨论交流的问题全部来自学生的真实生活经历和体验，学生其实是在进行和探讨着自己正在进行的生活，因而全身心地投入了学习。这样的教学，已经与学生的真实生活融为一体，生活的过程就是学习的过程，学习的过程也是实际生活的过程，教学与学生的真实生活之间因此建立了一种直接的、内在的联系，教学因之具有真实性、针对性和实效性，也切实地体现了教学向儿童生活的回归。

三、研究反思

经过三年的实验研究，课题立项目标已基本实现。在课题研究过程中，我们也产生了更多的思考。作为以儿童生活为基础、让儿童在自己的生活中通过认识自然，了解社会和把握自我，形成道德体验、道德认知，进而形成良好的道德品质的一门课程，在品德课中进行生活化教学，要努力做到引导学生从自己的世界出发，用自己的眼睛观察社会，用自己的心灵感受社会，用自己的方式研究社会。

引导观察生活——观察是人类认识世界的重要途径，学生对世界的认识大部分依靠眼睛的观察。小学阶段的孩子对世界充满了好奇，眼睛总是东看看西望望，针对学生的这一特点，引导学生用眼睛观察生活，捕捉生活中的正确信息，是帮助学生安全、健康、快乐生活的前提。

注重实践生活——实践是认知的基础，通过丰富多彩的实践活动或游戏，充分刺激学生的视觉、触觉、听觉，从而获得感知认识，完成对客体的认知。还可让学生通过调查活动，接触社会，探索有利于自己成长的信息。

启发表现生活——在创造中美化生活，要力求启发学生根据自己的感受与理解，有个性地发表见地，创造性地去生活。

参与评价生活——教育心理学家皮亚杰说过：只有当所教的东西可以引起儿童积极从事再造和再创的活动时，才会有效地被儿童所同化。教师要积极引导学生参与对社会生活现象的评价。

总之，通过此课题研究，我欣喜地发现，洪山区课题实验学校教师对品德学科教学的价值观和品德课堂教学的优课观有了新的定位，对自身教学中存在的问题有了清楚的认识，他们对教师的职业定位也正由工作型教师向学习型、科研型教师发展，促进了教师专业的发展，提升了教师的教学理论水平和教学科研能力。品德课堂教学内容更贴近学生的生活，教学形式更活泼，课堂注重体验，注重沟通交流，师生关系更融洽和谐，学生更喜爱品德课程了。

小学道德与法治教学中提高学生核心素养的初探

武汉市洪山区广埠屯实验小学　李荣燕

【摘要】在整个教育体系中，小学教育是一个非常关键的阶段，有着较强的启蒙性，要为学生今后的学习和发展打下坚实的基础。所以小学教师在道德与法治教学中，应不断地展现课程优势，一方面要帮助学生夯实文化知识和能力，另一方面要促使学生形成正确的世界观、价值观和人生观，实现对学生核心素养的培养，从而为学生思想品质的形成和发展奠定基础。

【关键词】小学；道德与法治教学；核心素养；提高策略

小学阶段是学生开始进入学校的关键阶段，也是学生生涯中相当重要的阶段。在新课改的背景下，传统的知识灌输方式已经无法满足当代教育的需求，学生学习的积极性较差，因此，老师必须转变教育方式，确立新的教育教学方针，提高学生学习效率，提高小学道德与法治课堂的质量。新课标中提倡以学生为主体的课堂教学，我们需要在核心素养的指导下打造以学生为本的道德与法治课堂。

一、小学生道德与法治教育的主要问题分析

(一)教师在进行法治与道德教育过程中不注重结合传统文化

我国的传统文化具有一定的魅力。在传统文化的传承过程中，一些道德素

质高以及优秀的榜样，能够更好地影响小学生，让小学生拥有一个良好的道德素质水平。同时，一些典型的案例，能够让小学生知道法治建设的重要性，以及懂法守法的重要性，所以必须要结合传统文化。但是基于现阶段来看，教师在进行法治与道德教育过程中，对于传统文化的重视程度还不够，尤其是不能够结合传统的典型实例进行道德与法治教育的灌输，所以在进行这些方面的完善，以及整个教育水平体系的不断优化过程中，这一问题必须要充分注重，从而更好地提升学生的道德与法治教育水平，集中力量进行道德与法治教育的完善，这些都是在进行道德与法治教育过程中，必须解决的一个重要的方面。

(二) 法治与道德教育不注重实践

小学生应该在法治与道德的学习过程中，通过实践等方式进行学习，更好地提升整个道德教育水平，从而更好地促进小学阶段教育与实践的整体体系的完善。所以从整个小学教育体系的实践过程来看，现阶段尤其是正在进行的一些教育实践课程的学习过程中，整个课程体系还不够完善，教师在教学过程中，只是一味地传授教学知识，以及一些道德与法律的知识，而仅通过传授课本的知识是无法进行全面学习的。

二、小学道德与法治教学中提高学生核心素养的策略

(一) 根据学生年龄特点，增强教学设计针对性

我通过日常教学观察以及查阅参考资料总结出低年级小学生年龄特点，主要有：注意力难以长时间集中，不适应抽象思维思考，记忆效果差，想象能力发达，表露出独立愿望的同时又具有一定依赖性，对作业考试分数反应不激烈，但在意教师评价、观察能力较弱，不能对接触到的事物做精细分析等。在道德与法治课堂教学过程中，不能只按照教材顺序从头到尾对课本内容进行照本宣科，这不符合低年级学生的学习特点。在教学设计中，教师应当把握学生在该年级表现出来的具体特点，从学生的整体学习特点出发进行具体的教学环

节设计。教材内容采取了循序渐进的深度安排，教师在教学设计时也应该考虑学生对陌生知识的接受程度，给学生针对性的教学设计。

例如，在"拉拉手，交朋友"学习过程中，教师带领学生做"小镜子，照一照"的活动，每个学生站出来，其余学生充当镜子，轮流说说该同学身上的优点与缺点。在游戏活动中，被镜子照的同学能够发现，自己认为自己身上的优点与缺点和其他同学认为的优点与缺点是存在出入的。在某一次活动过程中，小明认为自己的优点有活泼开朗这一项，但有好几个同学却认为小明有话多的缺点。原来是小明不仅在课下活泼好动，主动与小朋友们聊天，在课堂中也会找其他小朋友说话，其他小朋友觉得被打扰到，小明却没有及时认识到自己对其他小朋友的干扰。"小镜子，照一照"这一具有针对性的教学设计，能够在一定程度上锻炼学生的观察能力。不仅能使学生寻找到更适合自己的小伙伴，还能够使学生增强观察自身与观察他人的能力。有针对性的教学活动与学生的学习特点相适应，符合学生学习的动态发展。

(二)善用现代技术，引导健康生活

在社会进步、经济发展的背景下，人们的物质水平也得到了显著提升，但这并不代表着人们当前的生活是更加健康的。在现阶段，一些破坏生态环境的行为屡见不鲜，对人们的生活产生了非常不好的影响，甚至威胁到人们的生活环境、饮食等诸多方面。所以在实践教学的开展过程中，教师应尽量地引导学生健康生活，使其核心素养的培养得到更好的落实。

例如，在讲解和"环境"相关的内容时，教师可以借助现代技术不断地为学生展现一些为了经济而破坏生态的视频，让学生观看，使学生在这个过程中有所感悟。之后，教师也应引导学生站在自己的角度，结合现阶段的生活来对环境保护进行探讨和交流，使学生懂得应从身边的小事做起，不断地加强对环境的保护，才能推动社会的可持续发展。在此方面，教师也可以适当地结合社会热点，如前一段时间上海市实行的"垃圾分类"政策，让学生交流、分析和探讨，不断地深化学生的环保意识，促使其核心素养得到真正的生成。

（三）通过打造潜移默化的道德与法治育人环境提高教育的成效

要让小学道德与法治课程取得更好的教育效果，教师要重视校园文化环境的建设，校园文化环境要更多地体现出道德与法治的主题，通过一些宣传展板以及组织校园主题活动等方式，让学生广泛地参与，组织学生的讨论，引起学生的广泛关注。潜移默化的环境打造可以起到润物细无声的作用，学生置身于这样的校园文化环境中可以充分地感受到教师员工在道德与法治行为方面的示范作用。对于社会生活中一些有悖于道德和法治标准的现象，教师也要及时组织学生们进行关注和讨论，让学生从中吸取有益的经验。

综上所述，核心素养的培养是道德与法治教学中非常关键的组成部分。所以，在当前的教育背景下，身为小学教师，我们在课程教学中一定要突破传统教学的禁锢，不断地在实践中累积经验、创新教育教学方法、夯实基础教学，进而完善学生的人格、提升学生的道德品质，最终达到最佳的教学效果。在这一过程中，教师应尽量采用一些趣味化的教学方式，这样才能调动学生的能动性和积极性，培养学生的核心素养，推动教育教学的良好发展。

参考文献

[1]吴斌. 如何提高小学思想品德课的教学效率[J]. 学周刊，2016(14).

[2]唐中华. 小学道德与法治教育探讨[J]. 中学课程辅导(教学研究)，2017，11(25)：108.

[3]史俊. 中华优秀传统文化是中小学道德与法治教育取之不尽的源泉[J]. 思想政治课研究，2017(3)：73-78.

小学道德与法治课堂教学评价研究

洪山区广埠屯实验小学　李荣燕

【摘要】新时期小学的教育教学工作的核心，首先是完成立德树人教育的根本任务。小学阶段的道德与法治课堂教学的评价工作，需要得到充分的重视。道德与法治是新教材改革下的思想品德新教材，在内容的编写上，突出了道德标准和法治意识对学生进行要求和约束，融入了社会主义核心价值观的渗透。因此，新教材在课堂教学中的评价工作，既要突出小学学科在学习中的共性问题，又要尊重本学科的个性特点。加强对教师教学工作过程和学生学习效果的评价研究，是提高课堂教学质量，培养小学生的核心素养的重要途径。

【关键词】小学道德与法治；课堂教学；评价研究

新课改的推进，加强课堂教学评价研究，是培养学生全面发展的教育需要。课堂教学评价，是对教学活动现实的或潜在的价值做出判断的过程，是加强教师业务水平，更好地培养学生全面发展的关键。

新教材在应用的过程中，需要有与其相符的教学理念和实现学生主体地位的课堂模式构建，以及多媒体教学工具的辅助。从课堂教学目标、教学过程、教学效果三个方面进行评价，加强学生接受教育的程度，提高课堂教育教学的效果。

一、小学道德与法治课堂教学评价的意义

课堂评价是课堂教学改革中一种重视学科固有逻辑的教学。教学与评价在

课堂教学改革的过程中，要遵循一体化、一致性的原则，对教学中的课程、教师、学生，进行有助于后续教学任务完成的评价。小学道德与法治课堂教学中的评价，是加强对小学生立德树人教育的重要手段。课堂教学评价是"使动性"的教学行为，可以让学生的思维发展方向始终与教师的教学目标、教学过程设计保持一致。而教师对学生课堂表现的评价，直接影响学生的思想动态，为教师提供直接的反应信息，使授课教师能够及时地转换成授课环节中的新资源，调整课堂上的教学思维，进行教学环节中的理性决策，促进课堂教学效果的进一步提高。

二、小学道德与法治课堂教学评价的研究

小学道德与法治的课堂评价，要注重整体向局部的教学流程。所谓整体就是文本内容将要运用怎样的一个教学线索向前发展，而局部则是结合线索设计的活动方式和学生反馈的教学效果。

(一)教学目标与文本内涵的融合

教学目标明确是体现教师驾驭教材的能力。小学新课程道德与法治的课堂教学开展，任课教师必须发掘文本内涵，深知通过文本的事例，究竟要达到怎样的教学目标。也就是说对于低年段的学生，教师要通过什么样的方法，由浅入深渗入价值观和国家的一些在经济战略、发展战略上的时代理念。不能把文本内容的学习作为一种行为上的要求，而是要作为一种行为的标准，在学生的认知世界里根深蒂固，成为一种受道德和法治约束的行为习惯。例如，在部编一年级(下册)"让我自己来整理"一课，教学目标设定就要求对学生有更高的一种行为意识的培养，而不单单是学习整理的方法，也就是不但要从小养成整理的好习惯，而且懂得好的习惯有益于自己，有益于他人，更有益于社会。

(二)教学过程与课堂环境的创设

评价课堂教学过程要注重考察学生在教学环境构建中的学习反应。课堂环

境构建是实施教学过程的平台，是对学生接受教育的推动手段，创设适合个性发展的物理环境和精神环境十分重要。物理环境的构建在于如何实现学生的主体地位，对教学环节中需要合作探究有一定的辅助作用。在当前的课堂模式的构建上，大多采用分组教学。对于精神环境的构建是课堂教学重要载体，涉及文本的导入是否直接进入了学习目标和教学流程的有效性。在"让我自己来整理"的导入中，可以运用一段拍摄学生的视频"贝贝的烦恼"，视频中呈现的是贝贝因为不收拾，丢三落四，找不到红领巾，上学迟到，让学生进行观看，目的是让学生知道丢三落四、自己不整理会给自己和家人带来哪些烦恼。这种情景的创设，满足了学生在探讨本节课教学主题过程中的精神环境的需要。文本结合学生的生活实际安排了"我的小伙伴""找不到小伙伴""送小伙伴回家""养成整理的好习惯"等文本内容。为了教育学生形成整理的意识，在教学过程中可以让学生体验回到家进门脱鞋，并能习惯地把鞋子整齐地放在鞋架上或者鞋柜里，这个看似平常的小事，也是体现一种整理的习惯。创设有价值的活动体验，可以有效激发学生的思想认识，更加靠近本节课教学目标的实现。

（三）教学效果与能力提升的反馈

学生的学习能力提升和教育效果的评价，需要关注深化教育主题的小组讨论生成的结果。例如，在部编一年级（下册）"我是一张纸"，可以结合学生动手操作计算验证的"一张纸"浪费后影响数据产生，学生意识到一张纸的价值虽然小，但是每个人每天浪费一点，累积起来就是巨大的资源浪费。深化教育主题，更好地完成教与学的目标，可以把学生的认知思维迁移到实际生活中，设计出小组讨论问题：你身边还有哪些浪费的现象？学生通过对文本插图的自主学习，可以获得教材中关于水资源、粮食资源、生活用品等的浪费现象。学生结合教材插图提示的学习汇报是对教材基本内容的掌握。深挖教材的内涵，需要教师在学生讨论的过程中，提出有更深教育目的的问题。教师："请同学们想一想，自己在生活中有没有浪费资源的现象呢？"学生："有"。教师："学习本节课后，今后对身边节约资源的问题，你该怎样做呢？请同学们在小组内讨论后回答出你们的设想。"学生在组内的讨论就是对教育主题深化的过程。在学生的汇报内容中，只要表现出有"节约资源的思想和行为"，教师就要积极地给予鼓励、肯定的评价。教师在学生的回答中，分析学生的学习效果，并把学生对教育主题的认知情况，及时转化成继续深入讨论的话题。如："对于资源有限不能浪费的情况，你们有没有更好的方法来改变生活中的浪费现象?"启发学生从资源的可持续发展战略出发，对生活中的实际问题产生创新应用的思想意识。在实际课堂教学中学生经常萌发的创新意识，如：如果纸张和书写的墨水都是我们喜爱的食物，就像蛋糕与奶油的组合就好了。教师要给予高度的赞扬，肯定小学生的科学精神，鼓励学生在实际生活中研发创造。使学生的创新思维得到有效的发展。

部编小学《道德与法治》教材，是新课改中的一个特殊的学科。研究课堂教学评价是对课堂教学改革深入的推进环节。一节对学生有效的道德与法治教育，教师要深入考察教材内容设定教学主线，并对教育主题进行发掘，在合理预设学习目标设计课堂教学环境的构建中，合理运用教学工具创设情境，引导学生在学习时围绕着教育主题开展活动。使学生能够在自主学习的基础上，对学习内容产生深刻的印象，并能够结合文本内容，继续发现问题、研究问题，提出解决问题的方法，鼓励学生发展创新意识和研究提高解决问题的能力。研究课堂教学评价，是提高教师授课水平和培养学生学习能力的有效途径。使学生超越文本内容的表象接受更深刻的教育，在道德与法治的课堂学习中，真正提高道德的修养与法治的约束，更好地在学习生活中践行社会主义核心价值观，提高核心素养。

参考文献

[1] 鲁彪. 如何在初中古诗文教学中渗透法治教育[J]. 学周刊，2019
  （15）：74.

[2] 陈龙. 新课标下小学课堂教学评价的实践与探索[J]. 华夏教师，2017
  （11）：52.

小学道德与法治课程中基于核心素养
落实法治教育课堂教学中的评价研究

洪山区广埠屯实验小学　李荣燕

【摘要】法治教育是小学道德与法治课程的重要组成部分，是拓展学生法律知识、增强学生法治意识和培养学生法治思维的重要媒介，也是促使学生形成运用法律武器的综合性品质和关键能力的重要途径。教学评价是考察学生知识素养的重要方法，但由于评价标准匮乏、评价内容单薄以及评价方法滞后等问题，不仅无法切合当前核心素养培养要求，还不能完全反映出当前小学生的法治意识与素养。基于此，本文以小学道德与法治课程中法治教育为切入点，着眼于学生法治素养的培养，以核心素养落实为目标，探讨当前教学评价的优化途径，从而为促进学生法律意识的形成起到一定的积极作用。

【关键词】小学道德与法治课程；核心素养；法治教育

近几年以来，由于媒体技术的迅速发展，有关于低龄未成年人相关案件曝光率不断上升，而这些案件也在一定程度上反映出了当前未成年人法律意识淡薄及学校法律教育缺位等现象。对此，本文基于道德与法律课程教学原则，以"增加学生的法律知识，提升学生的法治意识，形成法律本能，树立法治信仰"为目标，帮助学生认知法律、维护法律，并引导学生学会用法律的武器保护自己，加强法治教育成果，增强学生的法治意识，提高学生维权行动力。

一、基于核心素养落实法治教育课堂评价方式

小学道德与法治课程中所要求的核心素养包括：构建学生的责任心，培养学生健康的生活态度，塑造学生的道德底线，强化学生的法治观念。因此小学生法治意识的培育是当前法治教育课堂的主要目标，然而，如何评价小学生法治意识，将抽象的素养水平转化为具体熟悉的数字成为教师面临的主要评价困境。目前，教师常采取的评价模式大多是依赖纸面考试或师生问答，了解学生具体知识水平，然后根据教师自身教学经验，给予学生一个适当的评价区间。

二、基于核心素养落实法治教育课堂教学中的评价困境

（一）目标达成评价标准匮乏

在普遍情况下，教师是基于学生纸面成绩或问答表现进行评分的，而评分标准往往局限在"差、良、优"三个标准内，也就是说，教师没有充分地结合学生的学习进度与学习目标，对学生进行客观且个性化的评价，反而是以"一面之词"的形式，对学生整个学习过程进行简单的概括。

（二）教学过程评价内容单薄

教学过程性评价是指在教学中，对学生进行全方位、多形式的考核评价。然而，在当前课堂中，教师教学过程评价内容单薄，往往组织学生以随堂考核、问答考核为主，注重对学生理论知识的积累，没有对学生法治观念或运用能力等方面进行考核，也没有基于多形式、多角度，对学生进行分阶段的考核。

（三）教学结果评价方法滞后

教学结果评价是对学生学习成果或阶段性学习成果进行整体评价，但在以

成绩为主的评价方式的影响下，部分小学教师会笼统地将学习成绩与学生学习成果进行挂钩，这种滞后的评价方法会导致教师评价内容空泛化，无法真正检验出教师培育学生法治意识的效果，也无法考察出教师的教学设计环节是否符合课标要求等[1]。

三、基于核心素养落实法治教育课堂教学中的评价有效途径

(一)展开情境体验式评价，完善评价标准

教材中的法治知识来自生活，然而当前学生的学习过程却被局限在教室里，环境的脱节导致学生难以真正展示出自身法治素养。例如在"防诈骗"课堂上，教师可以展开情境体验式评价，组织学生创建"电信诈骗""生活诈骗"以及"购物诈骗"三个情境，分别考察学生"防诈骗"意识，在充分彰显法治教育课堂的活动性特征的同时，也突出"体验式"教学评价方法的优越性，通过构建"诈骗"情境，引导学生基于现实生活案例构建的教学情境进行表现，在此过程中阶段性地反馈学生表现水平，设置相应的课程评价目标，如"拒绝诱惑""保持警惕"以及"了解防诈骗知识"，等等，对每个目标赋予权重值，最后再根据学生表现综合性地进行评价。

(二)组织生生互评互动，丰富评价内容

组织学生群体互评互动，能够帮助学生更加全面地认知到自己的不足。例如，教师可以在基于学生认知规律的前提下，组织学生模拟法庭体验及互动辩论等活动[2]，让学生围绕具体法治主题，以辩论的形式评价阐述自己的观点，教师及其他学生则根据该名学生辩词进行全方位的点评。对于学生辩论观点，教师应该重视，多采用积极正面的评价语，对于学生表现好的地方应该给予充分的表扬与肯定，而对于学生表现较差的地方，则应该注意语气委婉，引导学生回顾课本知识，有效地指出学生的缺点，以此发挥评价的实效性，从而将教

学过程的评价由教师教变为学生学，让学生在评价中不断学习、不断提升。

(三)结合生活实际评价，增强评价实效

法治教育的最终目的是培养学生的法治意识，因此课堂评价应当联系实际，让学生在生活中体验、在活动中体验、在评价中体验[3]，将评价学生学习结果的标准转化为促使学生不断提高的起点。对此，教师可以鼓励学生"走"出课堂，引导学生在生活中留意法律的保护，例如在"权利义务"一课中，教师可以鼓励学生去超市买菜，引导学生了解"付钱—买菜"是必需的过程，帮助学生更容易理解权利和义务之间的联系，除此之外，教师还可以将生活"引"进课堂，通过课堂模拟，让学生了解到日常生活中"假一罚三""消费者权利"等概念，鼓励学生在日常行为中树立起积极守法的意识，帮助学生树立起积极的人生观、道德观与法律观，在学生心中树立起依法治国和公平正义的理念，提高学生分辨是非和守法用法的能力，引导他们做知法守法的合格公民[4]。

四、结束语

综上所述，学生的法治意识是构成小学道德与法治核心素养的重要组成部分，然而当前课堂教学评价更注重对学生知识能力的考察，对此，为了更好地在课堂上落实核心素养，准确掌握学生学习情况，教师可以尝试在课堂上引入生活情境，组织学生展开互评互动，以丰富多样的评价形式客观地评价学生学习过程，从而更好地促进学生成长。

参考文献

[1]郭宏茹.多元评价——打造小学道德与法治课堂教学新模式[J].教师，2021(03)：15-16.

[2]汪姗姗.东乡县S中学道德与法治课程实施现状的调查研究[D].兰州：西北师范大学，2020.

［3］杨岚．国家认同教育融入中小学课程现状调查研究——以天津市八所中小学为例［D］．天津：天津师范大学，2020．

［4］杨启慧．新中国小学德育课程价值取向的嬗变及其重构研究［D］．重庆：西南大学，2020．

让读书成为班级管理的助推器

广埠屯小学　鲁彩雯

人们说：常读书的人，心境常常平静而悠远，因为每一本书都像他的灵魂之脚所踏上的一个台阶，他虽然置身于凡俗的生活之中，但他的心却站到了高处看到了更广阔、更博大的场景。

教室就是一个大染坊，班主任如果创设一个充满书香气息的教室，那么就可以在教室这个大染坊里把学生染得充满书香。而当一个班集体的空气里弥漫的全是浓浓的读书气息时，那么班主任也就可以面对手下个性各异的"兵们"指挥若定了。

所以，我们班在学校开放借书后，便在周一班会课的后半程或周五最后一节课开展读书展示活动。

一、读书

苏步青说："我用的是零头布，做衣服有整料固然好，没有整段时间，就尽量把零星时间利用起来，加起来可观得很。"学生平日时间紧，我就要求学生利用课余零星时间阅读，积少成多。一次，我在翻看他们借的书时发现了问题：言情书、卡通漫画等占据主流。这引起了我的忧虑：读书不仅没使学生沉稳，反而使学生浮躁了，这对班级管理来说，真的是有百害而无一利啊。我赶紧找到我们的图书管理员，跟图书管理员划出了借书的红线：低级趣味的书不读，故作深奥但实际上没什么内容的书不读，娱乐消遣的书不读，教人歪门邪道的书不读，内容阴暗的书也不读。看到班主任划出了雷区，大家也就不好意思"越雷池一步"了，渐渐地，我在同学书桌上看到了名人传记、散文、经典小说。至此，我心里悬着的七只吊桶才着地。

可是，好景不长，一次我在后门偷窥时，又发现了问题：有人在老师眼皮底下大胆读课外书呢。下课后，我立即找到这位同学，先黑脸后白脸，苦口婆心又是一顿说教，然后又在班级中明确：任何人不许在课堂上看书，否则，剥夺他借书看书交流心得体会的权利和小组评优的资格。至此，读书才真正平静有序地开展下去。

俗话说：防民之口，甚于防川。只一味堵不是上上策。除了"堵"，我还采取了"疏"的策略，就是我和同学为大家推荐好书。比如，我曾经推荐过毕淑敏的《散文集精选》。毕淑敏的想象力丰富奇特，她的作品有一种深邃与睿智，她能一针见血地指出现代年轻人身上的无知并给予治疗。我从中选了一篇很契合他们年龄的文章"虾红色的情书"来阅读，当读到"像若榫这般的青年，正是充满愤懑的年纪。野草似的怨恨，壅塞着他们的肺腑，反叛的锋芒从喉管探出，句句口吐荆棘。"他们纷纷点头；当读到"头发就是头发，它们不负责承担思想。真正的个性和自由，是头里面的大脑的事"，"你能够把神经染上颜色吗？"时，他们会心地笑了。我想，让学生在书中受到教育和警醒，这也算是一种"润雨细无声"的教育吧。

如果说我的推荐和学生还有"咫尺天涯"的距离感，那么，同学间的相互推荐，用"见贤思齐""见善则迁"是说引导学生在自己的周围寻找成功的楷模。时常拿来对照、评价、改正自己，进行自我规范，最终形成自己良好的阅读习惯和阅读心理。这就是心理学所谓的"自我增强的效能"。钟依颖，我们班公认的小才女。她在一次分享时提到了三毛的书，她总结时说："读三毛的作品，发现一个由生命所创造的世界，像开在荒漠里的繁花，她把生命高高举在尘俗之上。愿我们经过生命的洗礼后成为坚强而温柔的人，成为自己想成为的人，不忘初心。"我趁机在全班同学面前对她大加赞赏："钟依颖总能沉下心读那些大家认为很难读懂的书，这些书都沉入她的心灵，渗入她的言行举止，她看起来如三毛一样沉静脱俗。这才是真正的聪明人，她懂得选择。"看到大家认同的目光，我知道，三毛的作品会成为下一次借阅的书籍，也会成为同学们争先恐后阅读的对象。

二、感悟

如果阅读止步于学生自主阅读这一步，那么，阅读活动很可能无疾而终，重重的作业负担会让同学们渐渐与读书疏离。所以，在同学们自由阅读的基础上，我还委托图书管理员领导大家读书，领导大家写心得体会(委托给学生特别必要，老师指派的叫作业、任务，只会令同学反感)，而真正阅读的同学是需要倾诉的，有一吐为快的冲动。所以，一篇篇出人意料的作品便横空出世了。比如，隋金铭的《你要去相信没有到不了的明天》读后感便给了大家无穷的动力："你要的生活，没有捷径。当你跌入低谷时，当你觉得梦想依旧遥远时，当你备受打击挫折时，你的梦想才真正开始。越是漫长，越要平静；越是害怕，越要面对；越是困难，越要倔强；越是困难的梦想，就越是有趣实现的价值。最后希望我们当年华已逝时，回忆起来都能有个嘴角上扬的青春!"这不正是同学给同学上的激励课吗？这时，我只需要对隋同学的发言稍加点评即可水到渠成地完成一次对学生的精神洗礼了。

三、交流

第三部，是同学们最喜欢的环节了。同学们每组派一个代表到讲台跟大家分享阅读体验，如喜欢古代文化的李宇豪使大家认识才高八斗的曹丕和聪明绝顶的司马懿，喜欢体育的陈天佑让大家了解了林书豪的奋斗史，责任心强的班长潘思羽则用实例告诉大家安全注意事项。这不仅使大家积累了知识，还促进了同学间的深入了解和情感交流。同学们分享的欲望特别强烈，他们都想借此机会一吐自己的胸中感想，有时，一个组会连续上两个同学；有时，同学提前找到我，问可不可以给他多一些时间。比如我们的"二战"历史迷余玮奇，在深入阅读后，曾经用一节课的时间跟大家谈对"二战"历史的分析，同学们也连呼大有收获，我也备感意外。一个在老师眼里不可救药的学生，竟然能在阅读中找到自信，这让我学会用全新的眼光去审视每一个学生。

伴着阅读活动，我越来越感觉到自己和同学的阅读有了隔膜。所以，学生感兴趣的书或者要求学生读的书，我也在尽量多读，并写一点自己的感悟，然后和同学一起交流互动。所谓"亲其师，信其道"，我想，这也是促进班级管理的一种形式吧。

总结这学期的读书活动带来的变化：学生们课间追逐打闹的少了，沉浸书香的多了；谈论明星八卦的少了，交流读书心得的多了；同学们开始沉稳起来，开始把头转向模范同学；同学关系更加融洽，称呼老师也似乎有了温度；班级凝聚力更强，如果有人动手打架，他们劝说："我们要当君子，不要做莽夫。"他们把六（1）班自诩为"大（1）班"。我想，这是班级走向成熟的良好开端。

当然，阅读是一个不能间断的事情，在这个学期，我们的阅读仍然在进行中。

让我们成为一个受欢迎的好老师

广埠屯小学　鲁彩雯

"老师，这是没交作业的名单。"课代表递给我一张小纸条，依然是那几个熟悉的名字。"为什么不写作业？"每次我都是严厉地质问他们，但并没有收到多大效果。而我什么时候叩问过自己呢？古人云："亲其师，信其道。"学生不写作业，不正说明他不喜欢我，不喜欢语文课吗？我总是想让学生听老师的话，可是我什么时候思考过怎样成为一个受学生欢迎的老师呢？

苏联著名教育学家苏霍姆林斯基说过："什么是我生活中最重要的东西？"我毫不犹豫地回答："对儿童的爱。"有了爱，才能了解学生的内心活动，才能因材施教，才能获得学生的信赖而顺利开展教学。

学生成长过程中犯错误在所难免，作为老师，应在不违背原则的条件下宽容。这种宽容能触及孩子们自尊心最敏感的角落，使他们从内心产生一种积极改正错误的意志力。他们不仅对自己的过错深感后悔，而且还准备将功补过……常常会发生这样的情况：宽容所产生的精神震撼力比惩罚所产生的精神震撼力要强烈得多。所以，一个受欢迎的老师要有宽容心。

好老师要能从人格上打动学生：有的是治学严谨，有的是为人正直，有的是对待学生有着进取的态度，老师的这些品质或多或少地影响着学生。

优秀的教师不仅仅是传道、授业、解惑之人，更是学生心灵的塑造者。他能够融入学生之中，在学生中创造出一种轻松和谐的共同渴求知识的氛围，用丰富的表现力表达出自己的思想、精神境界，用一颗热情的心去感染学生以方寸之讲台授万象之圆地，言语间传递独有的人格魅力，点滴事中体现高度的责任感,在学生之间达到心灵的沟通与默契,是真理的代言者,是人生的引路人。所以,一个受学生欢迎的老师必须有人格魅力。

幽默是教师教育机智与创新能力的展示。风趣幽默的教师语言充满了"磁性"和魅力,学生在开怀大笑中接受知识,往往能够铭记终生,难以忘怀。幽默是融合师生关系的润滑剂,随着学习生活节奏的加快,莘莘学子在繁重的功课学习中,多么渴望那一刻的轻松。也许你暂时没有好心情,但课堂"圣地"容不得你心染杂尘。有一位领导就对我们说过:千万不要把你的坏心情带到教室,要让学生在轻松愉快的环境中畅游知识的海洋。也许你缺乏一点幽默的天赋,那就努力培养吧!幽默,就是给学生送去理解、送去信心。所以一个受学生欢迎的老师要有幽默感。

顾泠沅说过:"世界上有四种老师,第一种是讲课能深入浅出。很深奥的道理,能够讲得浅显易懂,很受学生欢迎,这是最好的老师;第二种是深入深出。这样的老师很有学问,但缺乏好的教学方法,不能把深奥的学问讲得浅显易懂,学生学起来就费劲,这也算是好老师;第三种是浅入浅出。这样的老师本身学问不深,但却实事求是,把自己懂的东西讲出来,能基本保证质量,这也不乏是个好老师;最糟糕的是第四种老师,浅入深出。本身并无多大学问,却装腔作势,把本来很浅显的道理讲得玄而又玄,让人听不懂。"

一个好老师,不仅要知道教给学生什么,而且要清楚学生学会了什么,收获了什么。否则,纵有满腹才华,也只是自己的,无法最大量地传授给学生。李政道教授说得好:"学问学问,就是学习提问;切莫将'学问'变成'学答'。"我们应记住:不善于教学的老师,使学生头脑里的问号变成句号;高明的老师,使学生头脑里的问号越变越多。他能让课堂充满问题,让问题充满思考。所以一个受学生欢迎的老师是一个善于教学的人。

假如你是一个有宽容心、有人格魅力、有幽默感、善于教学的老师,想不受欢迎也难!让我们努力吧。

以情激"短" 朽木可雕

广埠屯小学　鲁彩雯

在班主任日常管理工作中，使每个学生在班级里担当合适的角色是德育工作的根本任务，只有这样，才能使学生融入集体，热爱集体，感受到集体的温暖和力量，从而主动地接受集体对自己的教育。根据以往经验，在安排学生角色时，老师总是会关注学生的"长"，而对于学生的"短"则会下意识地回避。但在我27年的班主任工作中，通过观察发现：学生的"短"不仅会影响他的学习成绩，甚至还会影响到学生自身健全人格和优良品质的形成。对于学生的"短"，怎样做才能化腐朽为神奇？带着这一连串的问题，我开始了在这方面的探索。

一、问题分析

"老师，小凡上课总来找我说话，我不理他，他就来掐我，您快给我换换位置吧！"

"老师，小凡下课老来抢我的笔盒，您快管管他吧！"

"老师，这孩子从小身体就不好，所以一家人都宠着他，没养成良好的习惯，现在大了干什么都很任性，而且做起事来丢三落四，没有任何条例，我们真是让这孩子愁死了，您说该怎么办？""老师，小凡今天又来晚了，他已经三天没值日了！"……随着耳边的话声，我的脑海里浮现出了一个活泼好动，大大咧咧，对什么事都不在乎的男孩形象。他就是前面提到的主人公——小凡，这是一个优点和缺点同样突出的学生：一方面他行为随便，做事懒散，缺乏责任心和毅力；而另一方面他又活泼聪明，有主见，在男同学中的人缘也不错。通过对他的观察和了解，我决定寻找机会给他安排一个特殊的角色，那就是要用所"短"，他在游泳中学会游泳。

二、主要工作

在五年级上学期的民主选举中，因为学习成绩较好，人缘不错，小凡被选为班委，终于等到机会的我在班上宣布：任命小凡为班上的生活委员。班上的同学都很意外，因为生活委员这个工作事比较多，而且比较杂，需要有条理的办事能力，而这恰恰是小凡所欠缺的。在我宣布决定的时候，下面的同学窃窃私语，眼光透出了不理解，可是小凡却仍旧是一副满不在乎的样子。我决定马上找他谈一次，摸摸他的底。

下午放学以后，我把他叫到办公室，开门见山地问："你对今天的安排有什么看法？""没什么看法，就是很意外。"我问："为什么意外？"他说："生活委员这个工作应该让一个办事仔细的同学干。"我笑着说："看来你认为自己不具备这个能力，要不然我再换其他人？"他一听，脸有点微微泛红，急忙辩解说："我不是这个意思，我只是觉得这个工作对我有难度，但我一定会干好的。"我拍拍他的肩坚定地对他说："我相信你的决心，但我更希望你用自己的行动来证明给我看。"他冲我使劲点了一下头，高高兴兴地走了。

两天以后正赶上收学杂费，早上我很早就到了班里，我就是想看看小凡第一次的工作是否能顺利。果然不出所料，第一次收午餐费的他不得要领，忙得满头是汗，但钱数就是不对，按规定应该上午把钱交到学校，但是他一直拖到快放学才把钱交上，结果班级遭到学校的批评。第二天他找到我羞愧地说："鲁老师，这个工作对我来说难度太大，您快另换人吧，否则给班里抹黑，同学们会说我的。"我安慰他说："万事开头难，任何人都会犯错误，关键是看你能不能吸取教训，避免今后犯同样的错误。"听了我的话后，他心事重重地对我说："同学们有意见怎么办？"我鼓励他说："不会的，你今天是第一次收钱，何况虽然迟交,但钱数是对的,很不错了。你不要考虑这么多,只管干好工作就行了,我支持你。"经过我的开导他轻松地离开了,看着他的背影我有一种欣慰的感觉,因为从这件事中我发现了他身上所体现出的责任感和集体荣誉感。

第二个月又要收餐费了,因为餐费的数目比较大,鉴于上次的情况,我提前问小凡需不需要找个帮手协助他收钱,没想到,他胸有成竹地说:"鲁老师,你放心,这次我保证完成任务。"结果这次收餐费十分顺利,按时把钱交上了,事后我问小凡:"这次你为什么会完成得这么顺利?"他不好意思地说:"上次失败后,我专门向(2)班的同学请教了,他们告诉我每次收钱之前最好先提前列一个表,然后再分类,计算,这样就快多了。"然后他给我看了他所列的表,看着他那种认真的劲头,我不由得产生了一种沉甸甸的收获的感觉。

当然,他的转变也不是一帆风顺的,在五年级第二学期的期中考试期间发生了一件让我颇受震动的事情,使我对转化特殊学生的严峻性有更加清醒深刻的认识。我在教室的空调后面发现了一个被肢解的笔盒,经过调查后方知:一名男生用自己的笔盒与另一名男生换两元钱去吃早点,而这个学生并不想要它,就随手放到椅子下。小凡便领着好动的几位男生过了把"足球瘾",顷刻之间,笔盒"一命呜呼"。我沉默了片刻,用平静的语调对全班说:"事情的经过同学们都看到或听到了,我想就这件事情给同学们五分钟时间思考,然后根据自己的认识,对此事及诸位参与者的言行,谈谈个人看法。"由于平时教育的基础,学生们便从珍惜自己父母劳动的血汗钱,爱惜自己的学习用具;尊重他人,不该损坏他人财物;做文明中学生,不该在教室打闹;身边发生了违纪事件,同学们应该予以制止,小凡是严重失职等诸多方面发表了自己的看法。我对这些同学的发言给予肯定和表扬,并让小凡同学担任义务监督员,借此来严格约束自己。针对他纪律松散的缺点,我采取了以下措施:第一,明确奖惩制度,例如在考勤方面,当他每月全勤时及时对他进行表扬,当他迟到时则要求他为班级做一件好事。第二,建立正确的舆论导向,充分发挥他的自我教育的作用。我根据班级的德育目标及他出现的一些问题设计了论题,利用班会课让大家进行讨论并根据讨论的情况给予适当的引导。第三,处理违纪行为时,关键在于让他知错就改，并给其他学生以警示的作用。在处理之前，先做通学生的思想工作，不能为惩罚而惩罚，要让学生最大限度体会到老师的苦心。同时还要给违纪的学生以希望和约束，得到了学生们的支持。

小凡担任生活委员已经有一学期的时间了，工作可以说是得心应手，现在他不仅能把班里的生活管理得井井有条，而且还负责给同学领餐，工作能力得到同学们的认可，被同学们戏称为"刘大管家"。在上课听讲上进步明显，虽然偶尔也有控制不住自己的时候，但已经能做到不影响他人了，学习成绩也稳中有升。家长反映小凡在家最大的变化是：性格稳重了许多，做事情非常有条理，跟以前就像是换了一个人。

三、案例感悟

首先，老师要怀着真挚的爱去面对所教的每一个学生，因为我们面对的是一株株稚嫩的小树，他们象征着祖国的希望。为了使他们能成为明天的栋梁之才，作为教师应该尽我们的全力去呵护他们，对于他们身上的不足我们应持一种宽容的态度，耐心地帮他们去纠正。当学生精神不振时，你是否能使他们振作？当学生过度兴奋时，你是否能使他们归于平静？当学生茫然无绪时，你是否给以启迪？当学生没有信心时，你是否唤起他的力量？你是否能从学生的眼里读出愿望？你能否让学生明白自己的错误？你是否能用不同的语言方式让学生感受关注？学生在教师的眼中应该只有特点而没有缺点，教师应给他们创造一个宽阔的空间，让他们反思、悔悟、改正，从中悟出做人的道理和生活的真谛，去迎接今后人生道路上的坎坷和风雨。

其次，教师通过创设一定的道德情境，让学生在想象性的情感体验中，经历动机的冲突，情感的激荡，认识的升华。我们都有这样的经验，要在平静的水面击打出浪花，只轻轻拍击一下，是不行的，而应把手插入水中，用力推动，且越是持续推动，则后浪推前浪，水势汹涌。班主任要在学生的心头引起持久汹涌的感情"巨浪"，只轻轻"搅动"一下也是不行的。苏联教育家赞可夫指出：教学方法必须触及学生的情感领域，才能发挥高度有效的功能。因此，教师要善于唤起和激发学生对道德现象的情感体验。我们要逐步培养学生善感的心灵，让学生真正地感动，自觉地行动来克服不良的行为。

　　既然选择了教师这一职业，就不要吝惜自己的情感。只有自己心中拥有太阳，才能给人以阳光；只有掌握了爱的艺术，你的心血才会浇灌出灿烂的希望之花。

巧妙评价　　为温润成长护航

洪山区广埠屯小学　　鲁彩雯

【摘要】语言的丰富性决定了评价作用的发挥，课堂上教师的评价语言不但要准确得体、生动丰富，而且要机智巧妙。评价方式要多样、延伸，更要与时俱进，独特创新，为孩子形成良好的品德，温润成长护航。

【关键词】小学德育；评价语言；评价方式；创新优化

小学品德课具有很强的活动性，其主要教学目标是促进学生道德认知与道德行为的正确形成。在以学为中心的品德课堂转型过程中，师生之间的有效互动十分重要。教师根据学生在学习中所表现出来的学习态度、所达到的学习效果以及学习过程中的信心等方面进行客观的、公正的评价，对于总结教学效果、改进教学方法是大有裨益的。因此，品德课堂中，教师的课堂评价十分重要。它可突出对学生学习的调控、导向与激励作用，提高德育的实效性，为课堂添彩。但是，当前很多教师没有认识到这一点，没有将新课程理念落实到课堂中，不去思考"我们为什么而评价"而仅仅是为了评价而评价，造成学生品德学习的低效化。深入剖析评价误区，主要集中在以下几方面：

一、当前课堂评价的误区分析

(一)评价语言空洞单一，缺乏德育导向性

在小学品德课堂上，教师的即时评价语可引导学生深入思考，习得品德。

但是，现在很多教师的即时评价语言空洞单一，师生互动低效，不能够有效地发挥教师导向性的作用。

例如，一位教师在教学"上课了"（部编教材《道德与法治》一年级上册）一课时，课堂上老师为了让学生了解课程表的重要性。于是出示该班级课程表。

师：同学们，你们在哪里见到过课程表？

生1：在教室里。

师：嗯。还有吗？

生2：在笔盒里。

师：是的，还有吗？

生3：在家里的书桌上。

师：你真棒！在家里的书桌上也看到了，还有吗？

……

以上案例中，对于学生的发言，教师的评价语言是十分单一的，要不就是重复学生的话，要不就是通过"还有吗"引出其他学生的回答。在这样的评价语引导下，学生的品德学习只能是停留于表面，不能够深入钻研下去。在这样一问一答式的课堂教学模式下，学生品德学习的积极性肯定不能够得到有效激发，课堂教学效果自然不显著。相反如果教师追问：这是谁准备的？为什么这么做？让学生明白学校或者妈妈帮我们准备课程表的苦心，再通过老师的评价语言"真是有心的老师。""为妈妈细心点赞！"让孩子既懂得了课程表的重要作用也学会了感恩。

(二)一味表扬，流于形式，使学生互动的兴趣索然

在小学品德课堂上，教师的即时评价是为引导学生进行高效的品德学习服务的。但是，现在很多教师在教学中却不能够正确地认识到即时评价的这一功能，往往不对学生的发言或者学习进行深入分析。"好极了""你真聪明""你真棒""你真了不起"等既含糊又夸张的表扬声在我们的品德课堂教学中十分盛

行，每当学生答对了问题，老师们都慷慨地拿出了赏识教育的法宝，一味地为学生叫好。一位教师在执教"秋天来了"时提了一个简单的问题："现在我们这儿是什么季节？"（当时是秋天），并指名学生回答，该生答对了，教师不假思索地表扬学生"你真聪明"，其余学生听了全是一脸不屑一顾的神色，有的学生甚至在小声嘀咕"这么简单，我也会"。听到伙伴们的议论，该生的脸红了。的确，如果我们教师总是用那种口头禅式的浮泛空洞的语言来评价学生，或者让学生轻而易举地得到奖励，学生就会觉得索然无味，就会对教师的评价与奖励产生淡漠感，达不到应有的激励效果。

(三)评价随意，没有正确的引导，评价语缺乏德育针对性

例如，一位教师在让学生感知我国"四大发明"中的造纸术时，利用课件给学生呈现了古人利用绸缎和竹简写字的图片。

师：同学们，你们对古人用绸缎和竹简写字有什么看法？

生1：我觉得挺好的，你们看在绸缎上写的字多漂亮呀！

师：你真有审美观。

生2：在竹简上写字很有艺术性，以后我也要在上面写一写。

师：不错，有机会去试试吧。

生3：我觉得把字写在纸上容易破，以后我们写作业就写到绸缎或竹简上吧！（其他学生听后哈哈大笑）

……

以上案例中，教师对学生发言时所采取的评价语是随意化的，并没有围绕这一堂课的教学目标进行深入引导。这一堂课的教学目标之一是让学生体验到我国的造纸术发明后，纸作为书写材料的简便性。但是，学生的发言却是围绕美观和艺术性的角度进行的，教师的评价语只是对学生发言的应和，这样的评价语自然是失效的。

还有一些课堂，反复出现学生鼓掌这种评价形式，师生之间就像一种条件

反射一样，有的评价形式令人眼花缭乱：有的奖励小玩具，有的奖励五角星并贴到学生的胸前等。是的，这样的教学评价，学生注意力是被吸引住了，但接下来学生再也无法集中注意力听刺激性不太强烈的学习内容，很难取得好的教学效果。

二、品德教学中有效课堂评价语的探究

有效的课堂教学评价不仅要关注结果，更要关注过程；不仅要关注共性，更要关注个性；不仅要关注学业成就，更要关注学生在学习过程中情感、态度和价值观的形成，带动学生认识自我，建立自信。同时，为了培养适应时代的社会人，评奖还要与时俱进，敢于创新。

（一）评价要自然真诚，温暖心灵

教育需要赏识。通常我们多采取赞赏、激励性的评价，但前提是要自然真诚。教师真诚的语言、亲切的语调、鼓励的言辞、友善的微笑，会让学生品尝到被人尊重的喜悦，感受到期待的幸福。例如，在教学六年级下册"同学情谊深"一课时，谈到同学间需要理解与包容的一个知识点时，老师让学生回顾同学之间发生的最不愉快、最囧的事，很多人不敢举手，不敢将内心深处的伤疤袒露在大家面前，沉默一阵后，有一个孩子小心翼翼地举起了手，老师欣喜地点起了他——

生："我想坦白一件事情，上学期邓梓豪的电话手表找不到。其实是我拿了的，当时上体育课，我回到教室脱衣服，因为不小心将他的手表撞到地上，表壳撞坏了，我怕他要我赔，就直接拿了扔了。我希望邓梓豪能原谅我。"

他一说完，全班哗然，议论纷纷。他脸涨得通红。

师：（首先给了他一个温暖的拥抱）你敢于坦白，老师真替你高兴！一个人做了错事不可怕，可怕的是不敢承认，执迷不悟。今天，我们看到了你真诚的悔过之心。相信大家都有话对你说。

老师及时的鼓励和理解,使其他学生也受到了教育,议论声停止了,纷纷有人举手来表示对这位同学的赞赏与鼓励,邓梓豪也站起来表示原谅他。

在老师的评价引导下,一场尴尬不仅化解,而且还打开了该生的心结。教师生动而又充满深情的评价语,既包含了对学生的欣赏,又对学生的品德进行了引导。

除语言评价外,情感激励和动作行为评价也是一种重要的激励方式。一个温暖的拥抱,一个充满希望的眼神,一个赞许的点头,一个鼓励的微笑等,都不仅仅传达了一份关爱,还表达了一种尊重、信任和激励。这种润物细无声的评价方式更具亲和力,一定能大大激发学生对学习的热爱和认真学习的热情。

(二)评价要心怀目标,导向明确

下面是一年级品德与生活"懂礼貌 人人夸"教学片段,这节课中的一个教学环节给我留下深刻印象,使我至今难忘。在这里回放给大家,供思考。

师:小朋友们,下面让我们分角色把教材中的连环画情景表演出来好吗?

生:好!

师:谁想表演,就自己站到前面来好吗?

(很快,5名学生相继走到台前,我仔细一看,连环画中只有4个角色,多上来一个人,该怎么办?)

师:这几个小朋友真勇敢,自己说说想扮演哪个角色?为什么要选这个角色?

生1:我想扮演小主人,因为他是一个非常有礼貌的孩子。

生2:我想扮演小主人的妈妈。我想我一定能演好。

生3:我想扮演小客人,他有点调皮,希望大家都他改正缺点。

生4:我就来扮演小客人的妈妈吧。

生5(小声地):我也想演小主人,昨天王阿姨到我家做客,还夸我有礼貌呢!我会演好的,可是……

师:小朋友们,现在有两个小主人,怎么办?

生(七嘴八舌)：一起演；生5回去，他是后去的……

生1：老师，让生5来演吧，我回去，下次我再演。

师(抚着生1的头)：你真是个好孩子，懂得要谦让。

学生表演。(略)

师：大家说说故事中都发生什么事？他们做得好吗？再评一评他们表演得怎样？

生讨论：(略)

师：想一想，他们表演得这么好，应该表扬谁呢？

生：(评论，略)

师：大家说得都对，再想想我们还应该表扬谁？

生沉默。

师(走到生1面前)：我们还应该表扬他，因为他能主动把机会让给别人，这种谦让有礼的精神值得我们学习。在这次故事表演中，他也出了一份力，同意吗？

全体生鼓掌，生1的脸上露出淡淡的喜悦。

品德课堂教学过程不仅是知识传授的过程，更是学生获得情感体验，促进学生在潜移默化中形成良好品德的过程。老师要胸怀目标，随时抓住课堂生成契机，做及时评价。案例中的教师在对学生即时评价时，紧扣教学目标，先把评价的焦点放在关注学生情感态度、价值观上，充分发挥了即时评价的作用，使学生通过教师的即时评价，懂得谦让有礼、懂得做人。且抓住生1谦让有礼的表现，引导学生懂得，生5不仅是获得一次角色扮演的机会，更获得了一次友爱的震撼；生1虽放弃了宝贵的扮演机会，却得到大家的赞扬，这在他的成长经历中将是一次难忘的回忆。在同学们的品德学习上，也是一次鲜活的榜样范例。

三、评价要生生参与，合作共赢

现代教学理论认为，自我评价能够消除被评者本身的对立情绪和疑虑，调动参与评价的积极性。以批判的眼光剖析自己，在反省中不断地完善自我，促进学生个性的健康发展。由此可见，课堂教学中学生的自我评价不容小觑。通过自我评价，然后结合老师的评价和同学的评价，可以逐步提高学生对自我的认知能力，进行有效的自我激励，不仅可以促进学习能力的发展，还有利于学生形成健全的人格。因此，应该师生共同参与评价，合作中形成更健全的人格。

比如在上《保护校园环境》时，要求学生设计保护环境的最温馨的提示。一个学生的设计是这样的："请不要乱扔垃圾。"学生相互评价：

学生甲："你的提示很明确，但是再多一点温情就好了，我建议你这样说是不是会更好？'请不要乱扔垃圾，多谢合作！'"

学生乙："你的建议启发了我，不过我觉得，还可以把话说得更客气些，我想这样说，'学校是我们的家，请不要乱扔垃圾，多谢合作！'"

学生丙："刚才你们几位的提示既明确又温馨，我们感谢你们的温馨提示。我还有点小小的建议，我觉得你们最好用温馨淡雅的鹅黄色写这条提示，不要用叫人触目惊心的红色来写。"

……

最后，最初设计的那个学生又真诚地说："你们说得太好了，谢谢你们给我这么多宝贵的建议！我将积极采纳你们的建议，我要向你们学习，让自己以后的语言亲切，更富有人情味。"由于在这一节课中充分地展开了学生之间的相互评价和自我评价，让每一个学生都成了自由的评价主体，不仅圆满完成了课堂本身的任务，而且整节课充满了民主合作的氛围，孩子们享受到了合作的快乐，体味到了集体智慧交融的甘甜。

教学中应引导学生积极地参与评价，评价学习过程，评价同学对知识掌握和运用，评价自身的长处与不足等。在学生评价的过程中，老师适时点拨，使学生的思维趋向活跃，然后引导学生互评，在互评中产生智慧的火花和积极的情感。

四、评价要拓展延伸，关注成长

新课标指出："形成性评价和总结性评价都是必要的，但应加强形成性评价。提倡采用成长记录的方式，收集能够反映学生语文学习过程和结果的资料。"因此，在评价学生的学习过程时，应由课堂延伸到课外，注意加强品德形成中成长性评价。

评价学生的学习过程中，可以建立学生成长记录的方式，以反映学生学习进步的历程。成长记录的方式，不仅有助于收集学生各方面的信息，保证评价的全面性和科学性，使学生获得成功的体验，而且还为学生的成长过程提供了一个很好的形成性评价。道德与法治教学中可以充分利用成长纪录袋的方式来对学生进行评价。成长记录的材料可以让学生自主选择，并与教师共同确定。它可以反映学生学习良好品质习惯形成历程，通过学生的自我反省，提高学习质量。档案袋包括录音、视频录像、观察记录、行为目标达标册、红花本、优秀作业等。录音磁带、录像带主要是记录学生相关的主题活动或生活内容；观察记录可以是老师家长观察记录或同学间相互观察记录；行为目标达标手册主要在校由老师、小组同学记录，在家由家长记录；红花本主要通过网络积分赠送网上红花等形式，由课内延伸到课外，由学校到家里，由老师同学，家长全方位评价促使学生感受到自己不断的进步，养成良好的道德习惯。同时让学生看到自己成长的足迹，获得成功的喜悦。有利于培养学生的自信心，也为教师全面了解学生的学习情况、改进教学，实施因材施教提供了重要依据。

五、评价要与时俱进，优化创新

在现代科技大数据信息时代背景下，传统的评价手段已经明显不适应学生的发展。"全面评价学生的综合素质和个性特长的发展"是必然趋势。基于此，我们武汉市洪山区广埠屯小学开发的"学生评价系统——一个动态的成长平台"项目开始了实践探索。

首先，从以"4+1"目标设计评价体系出发。

常规性评估	1、每班根据阳光雨露评价标准，对学生雅行生活自主管理好习惯进行奖励 2、任课教师根据阳光雨露评价办法，针对学生课堂表现及作业完成情况进行评价奖励 3、家长根据学生在家表现，根据亲子乐乐奖章奖励办法对孩子进行奖励，按20%记入学生总体评价
选择性奖励评估	1、每周被评为雅仪班、雅静班的班级，由学生中心对获奖班级学生授予阳光章奖励。 2、学生积极参加各项活动、参加各项比赛获奖，由学生中心授予相应数量营养章的奖励。
后台数据设计	1、学生、家长、教师可以查询奖章积累情况，实现每一个孩子的成长都能看得见。 2、后台数据智能排序，动态呈现学生获奖情况，激励学生向自己的目标前进。

在德法课上，我们常用的是第二种——雅学之行：雨露章。

孩子们在道德与法治学科上，可以通过个人表现或小组合作的方式赢得雨露章。

雨露章奖励指南（讨论稿）

雨露章总额：700枚（每月）　　　　　　平均每日约35枚

奖章总数	奖励项目	奖励原则	权重比例
280枚（每月） 每日约14枚	常规	1. 作业高质量完成 2. 善倾听 3. 讲规则	40%
210枚（每月） 每日约10枚	共享	1. 愿展示 2. 重沟通 3. 善合作 4. 肯助人 5. 展才艺	30%
105枚（每月） 每日约5枚	协调	1. 较上次阶段考查有进步（保持） 2. 被同学认可	15%
105枚（每月） 每日约5枚	创新	1. 方法优化 2. 思维求异 3. 活动点子多	15%

一定时间积累的奖章，学生可以到学校每层楼的终端机上消费相应奖章，获得心愿课堂体验式奖励，让学生获得更多体验式教育。不想兑换的学生，也可以累积使用，兑换学校的各个孩子都可以通过自己的努力，参加学校的阳光雨露激励活动学生成为最好的自己。

老师直接通过手机加分、手环对碰或电脑操作给孩子雨露章。孩子们只要手持一张卡，随时可以查看自己的得卡情况，家长也可以通过登录E雅评价系统的 App 看自己的孩子表现，同时也可以通过乐乐卡参与对孩子的评价中。对于孩子的表现，老师、家长、学生随时可以评论和互动。特别是由奖章的数量积累，学生可以参加由校内到校外的实践活动。孩子们生活有了期盼。对待学习更加积极热情、积极，全校都呈现出一种积极向上的良性循环。

　　总之，课堂评价语不仅应真诚、自然，更不应该拘泥于一种形式，它应当因人而异，因时而异，因课而异，因时代的发展而异，只要我们教师在实践中不断总结探索，在课堂教学中全身心投入，创造性地对学生进行评价，就一定能为教育教学创造一方和谐、融洽的真情空间，为新课程三维目标的实现，为孩子的成长起到导航、护航的重要作用。

小学道德与法治教学中情境
体验导学的实施策略

洪山实验小学　张莎莎

【摘要】对于青少年来说，小学阶段是他们个性发展和思想观念养成的重要时期。然而，在应试教育、考试主导一切的背景下，学生本应学习的德育课程往往被忽略或挤占，导致学生无法进行科学全面的道德与法治教育，使得素质教育、促进学生全面发展成为空谈。对此，我们要高度重视德育工作，为社会培养思想积极、作风端正的高素质人才。在新课改背景下，教学方式和手段不断得以创新，情境教学法等高效教学模式和方法大受推崇，通过创设教学情境，可以让学生积极主动融入学习过程，进行小组探究式学习，以提高学习效率。

【关键词】小学生；德育教育；情境教学；对策建议

在小学教学中，实施良好的道德与法治教学，对学生的健康成长大有裨益。在小学教育阶段，通过系统全面的德育和法治教育，可以帮助小学生正确认识自我，培养积极健康的价值观，有利于其健康成长和全面发展。通过法治教育的了解和掌握，让他们知道如何成为一名优秀的学生，并为之奋斗有利于提高青少年的自我保护能力，有利于素质教育的深入推进。思想法治教育作为小学阶段的一门重要学科，能够保证学生在思想道德、认知水平等方面有较大的提高，这些都是素质教育的关键环节。情境教学法的运用能使学生更深入地学习和理解学科内容，更有效率地了解掌握所学知识，并能将所学知识运用到实际生活中付诸实践。因此，作为小学思政教师，要适应当前教育发展需要，结合教学内容和学生的个性特点，在教学活动中合理运用情境教学以提升教学质效。

一、情境体验导学法的意义

(一)有利于建立温馨和谐的学习环境

不同的学习环境对学生的学习效率有不同的影响。情境教学的建立为学习提供了良好的环境，减少课程的枯燥程度，提高学生学习的专注力，更有效率地吸收知识。学生还可以将理论与生活相结合，实现理论与实践相结合，学生对知识的掌握会有明显提高。同时，情境教学的建立，为学生进行课外实验验证理论提供了理论依据，使学生的思维得以锻炼，想象力得以提升。

(二)有利于激发学习兴趣，提升学习效率

对小学生而言，学生的专注力和持久力有限，尚不可能长时间保持高度集中的学习态度，对于他们感兴趣的知识和课程，他们的专注力会比较集中。但对于一些概念较多、难以理解的课程，学生通常会感到厌烦，这在一定程度上阻碍了他们的学习。情境教学可以帮助师生建立趣味课堂，对于调动学生的思维和学习兴趣有重要作用，也有利于培养学生思维拓展和创新能力。

(三)有利于优化师生关系

良好的师生情感关系，有利于提升教学管理质效和水平，融洽和谐的师生关系有利于提升教学质效。情境教学的建立是以师生之间的互动为前提，通过创设教学情境，学生之间可以互相交流讨论。对于学生提出的问题，教师要给予及时的引导和解释，这样既可以增进学生之间的感情，也可以培养学生的团队合作能力，使学生之间的关系更加融洽和谐；同时，也促进了学生之间的竞争，充分调动了学生学习的积极性和主动性。

二、运用情境教学提升小学道德与法治教育质效的对策建议

(一)培养学生对思想思政学科的学习兴趣

小学生通常自主学习意识较强,愿意主动学习自己喜欢的学科,如果遇到自己不感兴趣的知识,则会产生排斥心理和畏难情绪。在道德与法治课教学中,教师要采取多种方式和手段让学生主动参与到学习中来。在以往的教学活动中,大部分的课堂时间是由教师讲解和学生听。所以,学生参与度不高,教学效率较差,这就要求在教学过程中,作为思政教师,要结合学生的特点,激发学生对于道德与法治课程的学习兴趣。

(二)提高课堂参与度,创设生活化情境

小学生注意力的持久力约为半小时,如何提高学生的课堂参与度是小学教学过程中一个非常重要的问题。在教学过程中,教师可以创造一种生活化的情境,使学生更好地参与到课程学习的全过程中。随着社会的不断发展,教师也应该更加关注社会实际,与时俱进。在教学过程中,教师运用先进的生活元素创设情境,使学生感受到道德法治课堂与现实生活的直接联系。学生只有找到道德法治与现实生活的关系,才能积极参与课堂学习,提高学习效率。

(三)结合教学内容,丰富教学知识和水平

情境教学不仅仅是在教学过程中创设情境,它要求教师根据不同的教学内容,结合教材和教学大纲,创设合理的情境。在创设情境的过程中,情境教学的针对性和有效性是需要高度重视的问题。根据教学目标创设情境,有利于让学生在教师创设的情境中更好地学习。为了使情境创设更加简单有效,教师只需在一个课堂上创设一两个情境,而不是在每一个环节都创设情境。因此,教师必须在吃透教材、把握核心内容的基础上,挑选重点内容创设教学情境。

（四）构建和谐校园，充分发挥学生主体性

情境教学的开展有利于学生主体性的发展，有利于学生学习积极性的充分调动。在传统的教学活动中，学生必须按照教师的思想来学习，情景教学法可以让学生在学习过程中发挥主观能动性，学生的思想能够得到教师的充分重视。良好的师生互动，课堂气氛非常活跃，学生的参与会大大提高，课堂的主体不再是教师，而是学生。

对广大青少年来说，小学道德与法治是促进学校学生全面发展的重要基础课。它是小学生思想观念和认知水平形成和提高的关键阶段，对促进学生核心素质的培养具有积极作用。我国教育在构建以核心素质为核心的小学道德法治高效课堂方面还存在一些问题，应加大力度解决这些现实问题。因此，道德和法治教育在小学应该被视为一个关键的教学工作，使学生可以在日常生活实际中收获知识，因为它不仅与学生整体人文素质有关，也关系着他们的未来发展。教师还应重视学生的道德和法治建设，转变传统的教育教学方法和模式，为学生搭建更多学习交流的平台，促进学生综合素质的提升，为他们今后成人成才打下坚实的基础。

参考文献

[1]俞美芳．基于核心素养的道德与法治课堂构建策略研究[J]．考试周刊，2017(89)．

[2]张英．将课程"生活化"，让学生爱上道德与法治[J]．学周刊，2018(04)：133-134.

[3]顾相伟．高校道德教育与法制教育的发展、关联与融合[J]．思想教育研究，2012(01)：87-90.

小学道德与法治教学中的爱国
主义教育策略探讨

洪山实验小学　张莎莎

【摘要】随着我国素质教育不断向纵深推进，对学生的教育重点不再只局限于智育范围，德育也被纳入了教育教学的核心体系。小学是学生三观和道德体系形成的关键阶段，不仅关乎到了学习生活，还对学生日后的成长发展起着不可小觑的影响作用，树立良好的道德品质、掌握法治知识才能使学生向着正确的方向迈进。在道德与法治的教学中，特别要落实对学生的爱国主义教学，基于此，在我党成立100周年之际，本文围绕小学道德与法治课堂中培养学生爱国主义精神的策略展开探究，以期为小学道德与法治教育工作者提供一定的帮助与参考。

【关键词】小学教育；道德与法治；爱国主义教育；策略；探究

在新时期教育思想和教学模式不断发生变革的今天，课堂教学不再只单一地进行知识的传递，对爱国主义精神的培养正逐渐引起重视，并以此为基础将其融入道德与法治的教学之中，为小学生的成长起到了正向的引导作用。2021年是中国共产党成立100周年的纪念之年，教师应当抓住此契机，与道德与法治课程相融合，让学生了解党的建立、发展，以及经历了怎样的风雨才走到今天，从而通过此过程落实对学生的爱国主义教育。并且，也要注重教学的形式，尽量构建多元化的课堂氛围，不能让学生感到枯燥，弱化"教"的倾向，而是在潜移默化中传递爱国主义教育核心。

一、借助多媒体技术辅助教学，丰富教学形式

对于一些时间线和逻辑线较复杂的知识来说，通过文字或者教师讲述的方式传递给学生，学生可能只能做到理解到较浅层面，无法理解背后的情感内涵，也不能在脑海中构建起清晰的知识体系。因此，教师应当适时借助多媒体设备的帮助，帮助学生理解的同时也丰富教学形式。在小学道德与法治的教学中，培养学生爱国主义精神是必不可少的环节，如果以党的一百岁生日为契机，那么教师应当首先带领学生了解党的建立，也就是我们党的历史。在对党史进行学习和了解时，教师可以带领学生观看相关题材的影视作品，例如《建党伟业》，让学生们通过电影来了解中国共产党的建立历程。在这个过程中，教师要突出如"辛亥革命""五四运动"中年轻一代为了国家、为了民族做出的努力和牺牲，让学生感受其中的爱国主义情怀。在电影观看结束后，还要让学生根据其中的关键线索整理出完整的时间线索和人物线索，以及其中涉及的重要历史事件，并且通过思维导图或者手抄报的形式呈现出来。也就是说，培养学生的爱国精神，必须要让学生了解国家和祖国的定义，这是必不可少的基础环节。

二、讲述榜样故事，激发学生爱国情感

民族英雄、爱国人士一直是学生学习最好的榜样，在道德与法治教学中教师也需要充分利用榜样人物、榜样故事来激发学生的爱国情怀。比如，在学习"校园里的号令"一课中"升国旗了"这一栏目时，教师就可以为学生播放榜样人物的故事，如："奥运冠军孙杨在雅加达亚运会的颁奖仪式上，五星国旗突然掉落，孙杨立即要求主办方重新升起国旗，并且重新播放国歌。"在讲述完孙杨这一故事后，教师可以组织学生讨论为何孙杨如此在意国旗，外国人对于孙杨的行为会有什么样的看法，等等。让学生在讨论中认识到"国旗是祖国的象征，祖国的荣誉和尊严是需要坚决捍卫的，孙杨的行为是对国家尊严的捍

卫，是非常值得称赞和学习的"。

此外，对于每一个中国人来说，2020 年都是不平凡的一年，作为小学生，其正常的学习生活也因为新冠肺炎疫情的暴发而受到了很大影响。在教学过程中教师就可以结合这一事件来为学生讲解"钟南山爷爷的故事"，讲解众多医务人员、白衣天使的故事，讲解奔赴在一线的各行各业的工作人员。让学生明白，这些被我们知晓姓名的，以及更多没有被我们知晓姓名的工作人员都是英雄，都是值得我们学习的榜样。是他们舍小家为大家；是他们勇敢无畏地奔赴在抗疫前线，守护千千万万人民的健康和安全；也正是因为有了他们的勇敢奉献，我们才能在疫情最严重的时候安安心心地在家里学习、休息；正是因为他们的无私付出，我们才能快速恢复正常的生活。此外，教师还可以为学生播放抗疫剧《在一起》的部分片段，让学生在观看视频的过程中直观地感受剧中人物的大无畏精神，在潜移默化中渗透爱国主义教育，激发学生的爱国情感。

三、构建和谐的班级文化氛围，通过环境感染学生

环境对学生的客观影响力量不可小觑，道德与法治课堂构建良好的班级文化氛围，对落实爱国主义教育将起到重要的促进作用。在教师将党史的基本脉络讲述清晰之后，便可以组织学生根据自己的想法利用手工、绘画、书法等多种形式来表达对祖国的热爱。并且，可以按照党史的时间线将学生分成不同的小组，让他们根据党史发展时间轴选取适合制作的作品，还要对自己的作品加以说明。例如，在学生画出党徽和国旗之后，教师需要引导学生将党徽中的镰刀和锤头含义通过文字的形式在绘画作品加以说明，以让更多的学生了解其意义。在这样的班级环境下开展道德与法治课程，学生将会被氛围深深感染，自然而然地主动接受爱国主义教育。

结合上述分析不难看出，小学生的三观还没有完整形成，正是开展德育教育的最佳时机。在当前世界格局不断变化，文化、经济高度融合的 21 世纪，培养学生的民族认同感、自豪感是落实爱国主义教育的主要目的。因此，教师应当认识到落实爱国主义教育的意义，并根据学生的实际情况使用恰当的方

法，开展多元化的教学形式，让学生能够接受并理解何为爱国主义。特别是在我党成立 100 周年之际，教师更要着重围绕党史开展爱国主义教学，提升学生的家国认同感。

参考文献

[1]宋云健.小学道德与法治历史题材中的爱国主义教育浅析[J].吉林教育，2020(16).

[2]刘慕君.浅谈如何在小学思想品德教学中渗透爱国主义教育[J].新课程（小学），2016(10)：231.

小学道德与法治课程与学校德育融合的实践探索

洪山实验小学　刘会

《中小学德育工作指南》强调中小学校要将德育贯穿和渗透到教育教学全过程。作为贯彻落实立德树人目标的前沿阵地，小学道德与法治课程(以下简称"小学道法课程")旨在以正确的价值观引导学生更好地适应学校生活，形成良好的品德与行为习惯。这使它与学校德育工作的培养目标高度一致，因此，两者可以相互补充，相互配合，共同承担思想政治教育立德树人的任务。小学道法课程与学校德育融合可以推动学校德育工作一体化，更好地落实道法课程的目标，实现德育和教学的双赢。笔者以湖北省武汉市洪山实验小学的德育实践为例，探讨小学道法课程与学校德育融合的策略。

一、科学制定学生发展的序列目标

在深入研究《中小学德育工作指南》《小学道德与法治课程标准》的基础上，结合实际情况，武汉市洪山实验小学邀请高校专家入校指导，针对不同年级与发展阶段，制定了校本化的德育序列目标：一、二年级的德育目标为学生习惯养成，教育任务为将品德发展与生活教育相结合；三、四年级的德育目标为培养学生参与公共生活的智慧；五、六年级德育目标为引导学生树立远大的志向，要求学生能够发展与完善自我，关注社会，面向未来。以上每一阶段的发展目标各有侧重，螺旋上升，层层递进，相互映照，但始终把立德树人作为道法课程与德育的出发点和落脚点。德育目标的制定让学校能坚持以正确的方向、客观的规律引领育人工作，全面提升学生的品德素养。

二、整合学校德育内容与道法课程资源

(1)道法课程与德育工作融合的实践要求学校积极开发和利用校本课程资源。学校秉持"无边界教育"的理念，将校园环境开发为隐形课程。校园内每一面墙、每一块砖都可以承载道法课程的教学内容，并在潜移默化中对学生进行德育渗透。其次，道德与法治小课堂实现了与学校、社会、家庭大课堂的深度融合。学校通过开展各类主题实践活动，对学生的道法课程的教学目标与德育目标进行一体化融合。

(2)道法课程的教学目标需要根据学校德育活动不断调整，教学内容可从教材扩展到校园生活的方方面面，教学时间也可以配合学校德育活动灵活而弹性地变化。实践证明，参与校园德育活动能够提升学生学习道法课程的积极性。

(3)学校从特色作业入手，力求巩固每一节道法课的教学成果，落实每一项德育工作。学校设计了专门面向全体学生的特色作业——"九宫格成长日记"。日记中每个格子都是一项对当天学习的记录，学生可以从中清楚地看到自己的进步与不足，描绘自己的成长轨迹。通过观察记录和比较交流，学生的生活态度、观念思维、行为习惯等发生了较大的转变。特色作业强调体验，注重突出学生的主体地位，促进了道法课与德育融合序列化目标的全面落实。

三、以评价为导向，实现学生成长可视化

在道法课程与德育融合的实践中，注重对学生的多元化评价，关注学生丰富多彩的个性体验，并根据学生的年龄特点、思想品德状况、日常行为表现等方面进行针对性的评价。学校将学生表现划分为健体、礼仪、乐学与劳动四个维度，然后实施量化德育评价。对于表现突出的学生，学校会颁发"成长嘉奖

令"，并通过班级中的电子班牌实时动态呈现学生的获奖状况。学校将德育评价的数据汇总后，会在每周评选出示范班级和卓越学生，并举行仪式庄重的颁奖，激励学生通过努力，争取到被表彰的机会。

量化德育评价还应与学生表现的过程性评价与定性评价相结合。学校的德育导师会从思想引导、行为督导、学力辅导、心理疏导这四个方面为学生建立成长档案，记录学生的成长过程。

小学阶段是学生思想道德培养的关键期。学校应推动道法课程与学校德育工作的深入融合，使道法课程教学不局限于教学和课堂，这样才能培养学生良好的意志品格和乐观向上的性格，使学生获得全面的发展。

小学道德与法治教学实践中
法治教育的实践研究

洪山实验小学　刘会

2019年6月21—22日，笔者参加了为期两天的4~6年级《道德与法治》省级教材培训活动，受益匪浅。在当前以德治国和依法治国相结合的治国方略下，"德"与"法"，究竟孰轻孰重？小学道德与法治教学实践中的法治教育是什么？公平正义最终由谁来维护？在强调规则教育的道德与法治教学中，怎样跟学生讲公平正义？教学中如何有效破解两难问题，正确处理道德教育与法治教育的关系，已成为诸多教师的教学困惑。

一、两难问题举隅

所谓两难问题，是指在教学中同时涉及两种不同的道德规范，或由于道德与法律之间、教育理念与现实生活之间二者不能兼顾而造成的难以抉择的难题。

(一) 柔性伦理与刚性规则之间的冲突

中国传统社会是一个伦理为本位的社会。实行依法治国与以德治国是我国当下的基本方略，伦理与法律既相互渗透、相互促进，又在特定情形下相互冲突，突出表现就是"合法不一定合理""合情并未合法"，这使得教师在教学中难以把握价值导向。

142

【**案例1**】《道德与法治》(统编教材二年级上册)中"大家排好队"的第二课时"哪些地方要排队"和"怎样排好队"。课堂上,很多老师都引导学生归纳和认识了排队的三条规则,即"人人都要排队""先到排前面,后到排后面""排队间距有差异",让学生感受遵守规则给我们的学习和生活带来的安全、有序、公平等好处。与此同时,也呈现了"妈妈让老爷爷先上车""叔叔让小朋友先接水""要不要让快迟到的叔叔先上车"和"要不要让尿急的小朋友先上厕所"四个画面。既然有了规则,就应该人人遵循先来后到的原则,这是规则意识;当遇到特殊的场合、特殊的人,需要特殊处理,这是伦理道德和人情味。那究竟该不该让先呢?教师该如何处理道德与规则之间的矛盾呢?

(二)教材知识与现实生活之间的冲突

课本只是源于生活实践,但现实生活往往都先于课本、高于课本,与课本知识存在一定距离与差异。面对二者间的冲突,教师和家长对教材中科学的知识置若罔闻,或是迫于现实的无奈,潜意识里认定"那只是书上写写的"。

【**案例2**】以《道德与法治》(统编教材一年级上册)第12课"早睡早起"的教学为例。根据课本中标注的"小学生应该每天睡足十小时",教师在教学中往往都会引导学生联系生活实际,说说因睡眠不足而导致的一些不良影响,从而让学生学会管理时间、管理生活,保证每天睡足十小时。但现实生活中,来自于学校和家庭双重的、过重的课业负担又使得绝大多数孩子的睡眠时间不足十小时。面对科学知识与现实生活之间的矛盾与冲突,究竟该尊重学生的生理健康需要,还是要加大油门让学生"不输在起跑线"上呢?

(三)传统文化与时代要求之间的冲突

中华文化源远流长,传统美德薪火相传。社会在传承中发展,时代在大浪淘沙中进步。与时俱进的时代要求与中华民族的传统习俗习惯、道德认知、价值判断难免会有冲突和碰撞。

【**案例3**】以《道德与法治》(统编教材一年级上册)中"快乐过新年"的第二课时教学为例。春节是最具代表性的中国传统节日,"喜庆""祥和"是这一节日的两大主题。无论是追溯"年兽"的传说，还是出于欢悦的心理需求，春节燃放烟花爆竹一直是中华民族的习俗。然而近年来，为防止大气污染、保护生态环境，许多地方政府都相继颁布"禁燃令"，禁止春节期间燃放烟花爆竹，"爆竹声中一岁除"的千年传统就此发生改变。面对传统文化习俗与时代发展之间的矛盾与冲突，究竟该尊重传统文化习俗，还是要做到令行禁止呢?

二、两难问题破解

教学中的两难问题，让我们经常感到困惑却又必须面对，需要作出抉择却又难以取舍。如何理性地破解两难问题，引导学生面对冲突作出合情合理、合规合法的选择，影响着他们世界观、人生观和价值观的形成。

(一) 强化道德自律，增强规则意识

我们常说"为人处世心中要有一杆秤"，而这杆秤就是每个人所应具备的最基本的道德伦理。一个心中有德的人，不会轻易触碰规则界限，而无视规则的人，会有"足够的勇气"去突破道德底线。道德是内化于心的规则，是维系社会最基本的规范体系;规则则是显性的道德，是维系社会发展不可或缺的最低限度的道德。因此，着眼于人的需要，教学应致力于提高学生的道德水准，通过强化道德自律来增强学生的规则意识。

如案例1中"妈妈让爷爷先上车""叔叔让小朋友先接水"两个画面的教学。从"先来后到"的排队规则看，老大爷和小朋友都不应该享受"特殊待遇"，但尊老爱幼自古以来是中华民族的传统美德，在"排队"这种非刚性规则的约束下，妈妈和叔叔"无视规则"自觉礼让是符合社会主义道德规范的，也是与中华民族的审美价值和道德判断相一致的。相反，如案例3中"是否要燃放烟花爆竹"的教学。"禁燃令"是刚性的地方性法规，我们不能以传统习俗为由无视规则的存在，而应该根据相关条例，在规定的时间、规定的场合安全燃放。"有规定的燃放"从某种意义上来说，既是对传统习俗的尊重，也是对社会发展需求的满足。只有让传统习俗在时间延续中找到与时代处境的最佳契合点，

才能真正做到与时俱进。

（二）加剧两难冲突，深化道德理解

在面对两难问题教学时，教师不是拥有绝对权威的冲裁者，粗暴地对学生的选择作出对与错、是与非的判定；教师也不是茫茫大海中的领航员，仅凭个人道德评判标准决定学生发展的方向。我们知道，不同年龄段学生的认知能力不同，道德观就会有所不同。道德与法治教学是一个内化于心、外化于行的过程，这要求教师在具体的教学情境中适当地加剧矛盾冲突，让学生可以大胆地、自由地表达想法，认清问题中所包含的道、理、德，在思想斗争中不断修正道德标准，逐步改良并形成高尚的道德观。

以案例1中"要不要让快迟到的叔叔先上车"和"要不要让尿急的小朋友先上厕所"两个画面的教学为例。面对相同的情形，不同的人会根据自身的道德判断作出不同的选择。一般有爱心和同情心的孩子会选择礼让，这是基于道德伦理作出的人性化选择。然而，对于规则意识强的孩子来说，他们不仅不会让先，反而会充满抱怨和指责："叔叔为什么不早点起床啊！""小朋友为什么一定要等尿急了才来上厕所啊！"这是基于规则意识作出的理性化选择。在教学过程中，教师可以通过情景表演或正反辩论的方式加剧矛盾冲突，让学生通过角色体验找到一种既不违背自身道德原则、又能比较妥善解决问题的折中方法。在本案例中，学生可在同意让先的同时提醒对方要有规则意识，提醒他们要改正不良习惯。如此，不仅可以提高自身道德判断能力，也可以强化个人规则意识，从而有效化解两难冲突。

（三）学会换位思考，允许求同存异

换位思考不仅是人与人之间的理解和宽容，也是人与人之间的道德认同。教学中遇到学生意见有分歧时，教师可通过角色互换，让学生站在他人的立场和角度思考问题，体会别人的情感，理解别人的看法，避免因主观臆断进入道德误区。换位思考过程中，有些学生会被同化，有些学生依然坚持己见。在没有明显的道德偏差或违反刚性规则的前提下，我们允许学生求同存异，坚持个

人的道德观和价值观。

同样以案例 1 中"要不要让快迟到的叔叔先上车"和"要不要让尿急的小朋友先上厕所"两个画面的教学为例。实际教学过程中，我们可以创设情境，让学生去体验快要迟到的叔叔担心迟到扣工资、扣奖金的着急心理，体验急切寻找厕所小朋友那种憋急了要尿裤子的难受和尴尬，从而自觉让先。再从另外一个角度来分析。在注重规则的德国，在面对这两个问题时，可能更多会按照规则去解决；而在注重伦理的中国，在面对这两个问题时，可能更多会按照伦理去解决。

在案例 1 描述的情形下，无关道德判断，也没有规则的惩处，"让"与"不让"都有充分的理由，都是基于道德认知作出的理性判断。因此，特殊境遇下，我们无需苛求，也无需把学生引向"必选其一"的两难境地，可以允许求同存异，鼓励他们通过换位思考，根据个人道德判断作出理性选择。

(四) 加强家校沟通，形成道德认同

课堂是学生道德认知的主阵地，家庭是学生道德实践的场所。道德与法治教学的目标就是知行统一，要求学校教育与家庭教育建立统一战线，形成道德认同与教育合力，促使学生能够将道德认知内化于心、外化于行。

对于案例 2 中的"早睡早起"教学，教师可以把学生在课堂上因"睡眠不足"导致不良表现与诸多危害，通过上门家访、电话沟通、微信等方式告诉家长，提醒家长予以关注，帮助学生合理地安排和管理作业与休息的时间，保证"每天睡足十小时"。

俄国哲学家车尔尼雪夫斯基认为"真正的教育在于要使世界上所发生的一切，你都能够加以评判"。两难问题一直以来都是教育过程中绕不开的道德难点，在小学道德与法治教学中，教师必须直面该问题并进行破解。无论是面对柔性伦理与刚性规则之间的冲突、教材知识与现实生活之间的冲突、学校教育与家庭教育之间的冲突还是传统文化与时代要求之间的冲突，教师都可以通过强化道德自律增强学生的规则意识，确保他们不会触碰道德底线；可以通过适度加剧两难冲突，深化学生对道德的理解，帮助他们在解决冲突的过程中逐步

形成自己的道德观；可以允许学生求同存异，鼓励他们换位思考，让他们在理解和宽容的基础上作出理性的道德判断；可以加强家校沟通，形成教育统一战线，合力提高学生的道德认知发展水平。同时，在两难问题破解过程中，教师还应该帮助学生提高道德敏感性，促使他们在体验课程与现实生活、自身与他人道德认知的矛盾和冲突过程中，逐步减轻道德困惑与焦虑，形成合情合理、合法合规的价值取向。

探索有效德育　打造小学道德与法治"金课"

——统编版一年级《道德与法治》"让我自己来整理"课例浅谈

东湖小学　　杨茜

自 2016 年以来，小学德育课程由品德与生活、品德与社会更名为道德与法治，使用教育部统编教材，这是我国着眼于新时代大中小学德育一体化顶层设计的重大变革。这一自上而下的变革赋予了德育课程新的使命与要求，习近平总书记说："国无德不兴，人无德不立。"不立德，就不能树人，要通过立德去树人。道德与法治教育的根本目标就是引导儿童学会生活，培养学生对生活的积极态度和参与社会能力。生活化、实践化是道德与法治的教学特点，在教学中加入生活中的案例，让课堂回归社会，不断贴近学生生活，再现生活情景，让学生在观察生活、感受生活、体验生活的过程中，注重在实践活动中指导学生探究知识，给学生创设了充分自主的学习情境，引导学生正确地认识和理解生活，使儿童知行统一。下面以 2020 年荣获湖北省"好课堂"优质课评比一等奖的洪山区一年级道德与法治"让我自己来整理"一课为例来谈谈如何打造小学道德与法治"金课"。

一、精准设定育人目标，实现课程育人价值

道德与法治作为承担立德树人任务的核心课程，情感态度价值观的目标是小学道德与法治课程最核心的教学目标。如何精准设定课堂教学育人目标，让我们的课堂教学不偏离方向，实现课程育人价值？以"让我自己来整理"一课

148

为例。它是统编版《道德与法治》一年级下册第三单元"我爱我家"中的第三课。本课主要针对一年级学生成长中存在的一个较为突出的问题——整理习惯的缺失而编写的，教材以"整理"为抓手，旨在通过教学活动，帮助学生学习整理物品的方法，提高生活自理能力，养成自主整理物品的意识与习惯，培养自己的事情自己做的主人翁意识和责任感。如何准确制订"让我自己来整理"一课的育人目标？我们在深刻解读教材、准确领会编者意图的基础上，深入一年级学生生活家庭，了解分析学情，针对一年级孩子成长中整理习惯的缺失问题，将育人目标锁定为：

(1)了解自己不整理给自己和家人带来的麻烦。

(2)学会整理生活、学习用品的基本方法。

(3)养成整理习惯，渗透整理意识。

这样制订目标，就将很多老师容易犯的教孩子学习整理的单纯知识性教学转变为价值教育，并将这个理念贯彻教学始终，达成育人目标，实现课程育人价值。

二、精心设计多样活动，让品德培养回归生活

陶行知说过："生活即教育。"儿童的生活是多样的，道德教育就是要使儿童在多样的可能生活中选择一种更有价值、更具意义的生活，并通过这样的生活来涵养他们的德性。基于这样的生活德育理念，在"让我自己来整理"一课教学中精心设计了多样活动对接学生的生活，渗透对学生的良好行为及生活习惯的培养。例如：

(一)课例片段1

活动一：找不到小伙伴了(此活动中课件视频、音频呈现)

(1)内容一：

师：瞧！李老师这里有一个"百宝箱"，想知道百宝箱里有什么宝贝吗？(想)学生先摸再猜。

学生摸到魔方：哇，这可是益智的小玩具呢。

学生摸到毛巾：我们每天都会用到它呢。

学生摸到铅笔：这是帮助我们学习的小铅笔。

小结：刚才从百宝箱里拿出来的宝贝，都是我们在学习，生活中为我们提供方便，给我们带来快乐的亲密小伙伴。

(2)内容二：

师：可是有些小朋友经常会找不到它们。课件一：出示视频(家长和学生真人拍摄)："贝贝的烦恼"剧本，镜头一：显示早上7：50(准备出门)。

妈妈：贝贝，快点啊，都快8点了，再不出门路上又堵车。

贝贝：妈妈，我的红领巾呢？找半天没找到。

妈妈：你自己都不知道在哪里，我怎么知道呢？

镜头二：显示18：00(回到家)。

贝贝：老师又批评了我，都怪你，你为什么不把红领巾放我书包里？

妈妈：你看看你，整天丢三落四，不是找这就是找那的。你有一个家，每天放学后你都能平平安安回家，这些你要用的东西，它们也有家啊。你就不能让它们也安心回家吗？

师：贝贝找不到红领巾的原因是什么？(生：丢三落四、在房间里乱放、随手乱丢)给她自己和妈妈带来了哪些麻烦？(生：被老师批评了，她还着急。师：多尴尬啊！生：路上还堵车，妈妈着急。)

师：在家里，你们有没有也和贝贝一样，需要一个物品的时候，却怎么也找不到？说说自己经历，会带来哪些麻烦？(小组交流)

全班交流：

生1：我今天准备带两本书到学校，有一本书到处都找不到。师：没找到当时心情怎样？生：很烦，问奶奶，奶奶也不知道，我今天回家后看看奶奶找到没有。

生2：我跳舞的吊带找不到了，后来问奶奶，奶奶问妈妈，妈妈在柜子里找了半天才找到。师：耽误了时间。

生3：我的玩具小汽车不见了，和妈妈一起找了很久都没有找到。师：(出示课件三：玩具不齐全照片和音频说话)这个同学因为找不到玩具，连好朋友都责怪她了，影响了同学之间的友谊。

生4：有一次，我橡皮不见了，找了半天也没找到。师：(课件二：学生做作业很晚的照片)瞧，这个小朋友就是因为没有找橡皮擦，深夜11：40了还在做作业，无法睡觉，早上起不来，上学还会迟到呢。生：还会没有时间吃早餐。师：是呀，连早餐都吃不了，还会影响身体。

小结：找不到需要的物品会耽误时间，既影响了我们的学习生活，又给家人带来许多麻烦。

师：如果我是这位丢三落四不爱整理的孩子，你想对我说些什么呢？(师生辩论)

生1：不要丢三落四了。生2：不要再养成那些坏习惯了。生3：不要再总是忘记东西放在哪？先找一找，不要再又去买，那不是浪费钱吗？

A. 师说"我才不整理呢！反正妈妈会帮我整理的。"生1：如果这样的话，妈妈会累病的。生2：爸爸妈妈累病了，以后就没有人再帮你找了。生3：妈妈老了就做不了(师：不能因为妈妈会整理，自己就不动手了，这不是妈妈一个人的事，作为家庭成员，我们最起码要做到自己的东西自己来整理。)

B. 师说"我还小，长大了再自己整理"。生：现在不会做，以后还是不会的。(师：从小没有养成好习惯，没有学会基本本领，长大了也做不好。)

小结：把自己的东西整理好，既是方便自己取用，也是不给父母增添麻烦。

(设计意图：体会不整理带来的烦恼，知道自己整理的重要性。)

(二)课例片段2

活动二：好习惯重坚持

师：整理不光是一种方法，它更是一种习惯。我们来看看咱们班整理小能手在日常生活中是怎么做的！(接着出示拍摄一周的视频)

师：对于这位同学七天进门的表现，你有什么想说的？

生1：她做得很好。师：哪里好？生：每天都把鞋子放进鞋柜了。师：是啊，她不是一次做到了送小伙伴回家，而是每天都做到了，真是个好习惯。

生2：她不仅把自己的鞋子收拾好，还把爸爸妈妈的鞋子收拾好了。

生3：还帮奶奶抬水。

师问当事人：你为什么这样做？(生：我这样做可以帮助我们学习整理，还可以让房间变得整洁。师：老师看到奶奶需要你帮忙，你心情很急切，当时没有脱鞋子，可后来还是回到门口把鞋子脱下放进鞋柜，随便一脱不就行了，为何还要放进鞋柜呢？多麻烦啊！生：因为放到外面的话，不放到柜子里，有可能会放成一排，再进门的时候，会摔倒。师：能为他人着想，真好。师：爸爸妈妈的鞋子没有收拾好是他们的事情，你又怎么会主动去整理呀？生：如果爸爸妈妈每天自己整理的话，会很累。师：你不但能自己整理，还能帮爸爸妈妈整理，你真是一个会体谅父母的好孩子，你真棒。)

师：良好的整理习惯，有益于自己，有益于他人，好习惯不是一天两天就可以形成，它需要我们持之以恒，来吧，让我们争做整理小能手，一起自己来整理。(板书：让我自己来整理)课件：出示表格：整理任务 整理时间 整理效果图 自己评价 妈妈评价

师：你可以选择最想整理的地方，比如说你的书桌、床、书架等，整理完后给自己一个评价，也让爸爸妈妈给个评价，别忘了让他们拍下照片哦！下节课我们一起来分享。

(设计意图：养成整理习惯，渗透整理意识。)

"让我自己来整理"一课中，老师就关注了学生现实生活，利用视频再现了学生平时爱丢红领巾、橡皮、玩具等学习生活用品的场景，引导课堂上学生回顾类似经历；进而反思丢三落四、不爱整理的行为和习惯给自己和父母带来麻烦，认识整理的重要性；最后给予学生整理方法的指导，帮助他们克服"不爱整理"的心理障碍，解决整理过程中的问题，建立起每天坚持整理才能养成好习惯的意识，由此引导他们超越生活。整个教学在关注生活、反思生活和超越生活三个教学环节中，设计多种场景体验、整理实践操作等活动，引导儿童在多样活动中完成道德的自我建构。

三、有效利用信息技术，解锁德育课堂新实践

现代信息技术对教育教学是一种有效辅助工具，给我们道德与法治的课堂带来了新鲜的空气。声情并茂、图文兼顾、动静结合的现代信息技术可以帮助老师们构建和谐高效的课堂，丰富教学资源，激发学生的创造力和积极性，在轻松愉悦的氛围中，化抽象为具象，实现课堂效率的最大化。例如："让我自己来整理"一课就借助信息技术手段创设活动情境，在情境中体验、交流、分享、收获。

（一）课例片段3

师：你们想听听你们的妈妈怎么说的吗？

课件：微信对话界面配语音。

（附文本：妈妈的烦恼：李老师，我好苦恼啊。怎么了？李老师，我的孩子已经是一年级的小学生了，可是却一点整理的好习惯也没有。用过的东西不收捡，常常丢三落四。东西找不到了就总是叫妈妈、妈妈。一学期不知道要买多少橡皮和学具盒。有一次为了给他送语文书，我上班还迟到了。孩子爸爸和我平时工作也很辛苦，回到家还要买菜做饭洗衣服打扫卫生辅导作业。再加上要跟在他后面不停地帮他收拾东西，感觉特别累。李老师，真希望我的小宝贝能快点长大懂事，从小自己学会主动收拾整理就好了。）

师：妈妈的烦恼是什么？（生1：她的孩子丢三落四的。生2：找不到东西的时候只晓得找妈妈，自己上学迟到了，害得妈妈上班也迟到了。生3：她每次都跟妈妈要笔袋啊，学具啊，她妈妈就很烦。而且每次还要辅导她作业，妈妈就特别累。）

"让我自己来整理"一课中，老师利用"妈妈，我的橡皮找不到了"的微视频及"妈妈的苦恼"的手机微信对话，巧妙地利用现代信息技术将课堂教学与学生的现实生活结合起来，生动形象的多媒体画面、亲切的语音带领孩子走进现实生活，情感代入更加真实地感受到了用品找不到，给学生学习、生活带来的不便和麻烦，帮助学生真正树立整理物品的意识。

（二）课例片段4

活动：小伙伴们都回家（此活动中学生平板操作、老师投屏呈现）。

分一分，送回家。

1. 师：贝贝的烦恼视频中，妈妈说这些小伙伴也有家，你会送它们回家吗？（会）

2. 师：我们玩一个送"小伙伴回家"的游戏吧。课件：乱七八糟的房间（学生操作平板。）

（1）每个学生先自己操作平板，送伙伴回家。（玩完后问：你们手上的平板小伙伴它的家在哪里？学生放回当初拿平板的地方，安静坐好）

（2）（师：谁愿意跟我们介绍一下你们把小伙伴都送到哪里去了呢？）指名学生上台操作，边操作边说：××是××的家，我把它送回家。

师：每个小伙伴都有自己的家，用完以后就应该送它们回到自己的家。

3. 课件：出示两幅房间对比。师：现在房间有什么变化？（生：变整理了，变漂亮了）师：是啊，凌乱的房间变得干净整洁，你有什么感受？（生：开心、高兴、心情很好。）

4. 小结：通过自己的整理，让房间变得整洁、美观，你们可真棒！

　　课堂上，老师利用学生喜爱的游戏形式，巧妙设计了在平板电脑上模拟"整理房间"，寓教于乐，针对性强，有效引导学生在生活中爱护物品、学会整理，让学生对分类整理的方法入脑入心，实现了信息技术与德育课堂的深度融合。

　　如何让思政教育点亮孩子们"美丽人生"，帮他们扣好人生第一粒扣子？依托道德与法治课堂，围绕新课程标准精准设定课堂教学育人目标、借助并有效利用信息技术引导学生在体验性、探究性、实践性等多样活动中去关注生活、反思生活和超越生活，以达成教学目标，逐步完成道德的自我建构。

　　探索有效德育，提高德育课堂的有效性，还需要我们不断地探索和创新。

統编《道德与法治》教材六年级下册第二单元教学设计

爱护地球　共同责任

一、设计构想

　　"爱护地球　共同责任"的主题意义在于让学生认识人与地球的关系。首先，从生存空间的概念出发，从地理学科的视角，带领学生获得对人类共同居住星球的"初体验"，帮助学生发现地球的自然环境与人类生存环境之间的联系。其次，大自然给予了人类生存的空间，但各种自然灾害的发生也是人类生存必须应对的问题。因此，帮助学生客观认识自然灾害，知道如何应对，显得尤为重要。

　　"地球——我们的家园"探究的是"人与自然如何相处"的问题。帮助学生建立地球是人类生存的共同家园的概念，并认识到地球面临的主要环境问题与人们的行为息息相关，形成保护地球的责任意识。

　　"应对自然灾害"引导学生客观认识地球上的主要自然灾害及其应对和防御，培养学生应对自然灾害的自救意识、自救能力，并从人们不屈的抗灾精神中感受人类在灾害中守望相助的人道主义精神。

二、单元结构

课名	话题	内　容
地球——我们的家园	我们生存的家园	分析人类与地球的关系，理解地球是人类的家园，感悟人与自然和谐相处的古老智慧，懂得珍爱地球。
	环境问题敲响了警钟	了解各种环境问题带来的生存危机，学会分析环境问题产生的原因及带来的危害，懂得人类不善待自然会受到惩罚。
	我们共同的责任	知道保护环境是世界各国人民共同的责任，树立环保责任意识，参与力所能及的环保行动。
应对自然灾害	我国自然灾害知多少	了解自然灾害的危害，认识大自然有不可抗拒的一面，知道人类的行为会诱发或加重自然灾害。
	防御自然灾害	了解我国是自然灾害频发的国家，提升自我保护、自我救助的意识与技能。
	不屈的抗灾精神	了解人们抵御自然灾害的感人事例，体会人们在危难中不屈不挠、团结互助的抗灾精神。

三、地球——我们的家园

(一)课程目标

品德与社会课程标准	我们共同的世界。
	初步了解全球环境恶化、人口急剧增长、资源匮乏等状况，以及各个国家和地区采取的相应对策，体会"人类只有一个地球"的含义。
青少年法治大纲	初步了解消费者权益保护、道路交通、环境保护、消防安全、禁毒、食品安全等生活常用法律的基本规则。

(三)教学目标

(1)分析人类与地球的关系，理解地球是人类的家园，感悟人与自然和谐相处的古老智慧。

(2)知道资源有限、环境污染、生态破坏已经造成对地球的威胁，懂得人类不善待自然会受到惩罚。

(3)建立保护地球环境、人与自然和谐相处、实现可持续发展的生态环境理念。

(三)结构分析

本课侧重培养环境保护意识及行为习惯。让学生认识到地球对人类生存与发展的价值，引导学生认识人类不当的生产和生活活动带来的环境危机以及由此产生的种种后果。引导学生认识到世界各国的政治合作、现代科技及个体的力量，都是解决环境问题的重要力量。本课三个主题紧密结合"地球——我们的家园"这一话题展开，同时又各有侧重。

第一个话题"我们生存的家园"，引入人类探索其他星球和制造另一个"地球"的努力，一方面使学生感受到地球是目前为止，人类生存的唯一家园，激发学生热爱地球的情感；二是引导学生通过案例分析，感悟人与自然和谐相处的古老智慧，懂得人类在利用自然的同时，应该顺应自然、尊重自然。

第二个话题"环境问题敲响了警钟"，包括两个方面的内容：一是了解各种全球性环境问题，并意识到环境问题敲响了人类生存的警钟；二是通过典型案例分析，认识到人类的不当行为是导致环境问题的主要原因，进而认识到人类破坏自然会受到大自然的惩罚。

第三个话题"我们共同的责任"，引导学生了解国际上保护地球的行动和我国保护地球的行动，从而认识到人与自然是生命共同体，大家要共同行动起来，保护地球家园！

三个话题之间有两层逻辑关系：从内容方面来看，三个话题围绕"人与自然如何相处"呈现了不同的方式，即古老的善待自然的智慧、近百年来人类破坏自然及当今社会人与自然协调发展这三种相互关联的发展方式；从环保素养培养的角度来看，本课是从环境认知到环保责任，再到环保行为的逐渐展开的过程，体现了由知到行的协调发展过程，最终实现知行合一的目标。

（四）课时安排

建议教学 3 课时。

1. 我们生存的家园

（1）内容分析。

话题"我们生存的家园"旨在引导学生分析人类和地球的关系，感悟人与自然和谐共存的古老智慧，懂得珍爱地球。

教科书第 28 页地球图片旁的正文概括了地球对人类生存的意义，引发本课话题的同时，激发学生对地球的热爱之情。

教科书第 28 页活动园的上方呈现了三位同学讨论的情景，泡泡对话框提示了讨论内容"我们能不能移居其他星球""我们能不能利用高科技手段，创造出一个像地球一样适合人类居住的生存空间?"旨在引发学生对"假如离开地球，人类能生存吗?"这一问题的思考。

活动园的下方提供了与月球和火星、"生物圈 2 号"相关的两组资料。在对比地球、月球和火星生存环境数据的过程中，帮助学生了解地球是目前人类生活的最佳选择。通过阅读"生物圈 2 号"实验介绍，引导学生进一步感受地球是目前人类生活的唯一家园。

教科书第 29 页活动园呈现了中国乌镇、因纽特人、中国哈尼族居民与自然和谐相处的案例，旨在引导学生理解人与自然和谐相处中的思想，感悟人类顺应、尊重、善待自然的方式与智慧，激发学生感恩地球的情感。

（2）教学建议。

活动一：回望地球，感悟美好

◎播放：教师播放地球主题的视频或图片，让学生从画面中感受地球的美好。

◎提问：地球为人类提供了哪些生存条件和资源?

◎小结：因为地球为人类提供了所需要的空间、环境和丰富的资源，人类才得以繁衍，生生不息。

活动二：星际探索，体验唯一

◎讨论：如果离开地球，人类能生存吗？

◎小组学习：以太阳系中的水星、金星、火星、木星、土星、天王星、海王星为例，从温度、氧气、水等方面收集信息，提出思考：这些星球是否适合人类生存？

教师拓展介绍科学家对天鹅座的探索：科学家发现太阳系以外的天鹅座，有与地球环境最为接近的宜居星球开普勒-452b，但也有黑洞。距地球1400光年以外的这颗宜居星球只能是可望而不可即的。

◎角色扮演：读一读教材中"生物圈2号"实验。请同学扮演实验中的科学家，说一说实验中出现了什么状况？

教师补充介绍：在这个巨大的封闭生态系统里，氧气和水不充足，原有的25种动物中有19种灭绝；为植物传播花粉的昆虫全部死亡，植物无法繁殖，生态系统严重失衡，产生的大量真菌又非常耗氧，就导致了圈内二氧化碳多、氧气少，最后圈里的生物都生存不下去了，整个实验在18个月后，宣告失败。

◎小结：宇宙里没有找到第二个适合人类生存的星球，再造一个"地球"又失败了，这充分说明了地球是目前为止人类唯一可以生存的家园。

活动三：玩转地球，感受和谐

◎播放：哈尼族的梯田修建在半山腰，梯田旁边是哈尼人的村寨，由一座座蘑菇房组成，村寨上面是茂密的森林，下面是潺潺的河流。

◎小组合作研究：探究哈尼梯田的布局系统，感受其中的奥秘。

◎提问：你发现哈尼梯田能成为世界文化遗产的奥秘了吗？

◎小结：哈尼族创造森林-村寨-梯田-水系的生态布局被文化学家盛赞，顺应、尊重、善待自然是人与自然和谐相处的法宝。

◎分享：你还知道哪些人与自然和谐相处的案例？

(3)注意问题。

高年级学生在"探索第二个星球"这个话题时，对已有材料呈现的现象持有自己的观点和看法，但存在片面性，需要老师的引导，进行深入的思考。

教师在课前要做好充分准备，查找相关文字和图片资料，及时供料，提供学生认知补充的素材。

了解人与自然和谐的案例时，可有机向学生渗透要珍惜现有生活环境和资源的意识。

2. 环境敲响了警钟

（1）内容分析。

话题"环境敲响了警钟"旨在帮助学生了解当今世界面临的各种全球环境问题，认识到人类的不当行为是导致环境问题的主要原因，引导学生萌发环境忧患意识，树立环境保护意识。

教科书第 30 页用 5 幅图片呈现出地球面临的资源短缺、环境污染、生态破坏等全球性问题，帮助学生认识到地球越来越不堪重负。

教科书第 31 页活动园介绍了日本水俣病事件，并利用关系图揭示日本水俣病事件中环境问题中的因果关系，旨在引导学生深刻认识环境问题带来的危害，得出破坏环境会受到大自然惩罚的结论。

活动园最下方，请学生以地球的口吻写一段文字或画一幅漫画，指出人类伤害地球的不当行为，唤起学生保护环境的强烈愿望。

（2）教学建议。

活动一：对比图片，感受环境现状

◎讨论：教材等 30 页的 5 幅图片反映了哪些方面的环境问题？

◎体验：出示"蔚蓝的天空——漫天黄沙""清澈见底的湖泊或河流——又臭又黑且浮着垃圾的河流""绿茵茵的草地和森林——被垃圾覆盖的大地"三组对比鲜明的图片，创设情境，让学生想象生活在好的环境中和不好的环境的感受和心情。

◎小组研学：大家见到过哪些环境问题、环境事件？给人们带来哪些危害？

◎小结：环境问题就是人类的生存问题，如果环境被彻底破坏，人类将难逃厄运。

活动二：分析成因，引发环境思考

◎交流：读教材中水俣病事件文字介绍，利用关系图，说说日本的水俣病事件告诉我们什么？

◎活动：根据课前收集到的"马斯河谷烟雾事件""大连新港原油泄漏事件"等资料，学着画环境问题成因关系图。

◎汇报："马斯河谷烟雾事件"关系图

"大连新港原油泄漏事件"关系图

◎提问：经济的快速发展和环境问题是一个矛盾体吗？

◎小结：在经济的迅速发展中，人们适度、合理地开发自然环境资源，就能调和它们之间的矛盾，所以习主席提出了"绿水青山就是金山银山"的生态理念。

活动三：设计宣言，倡导环境保护

◎表演：诗歌朗诵《美丽的地球母亲》

美丽的地球母亲 提供着生命之源 奉献着矿产资源

四季交替 为我们遮蔽酷暑严寒

而现在的她在沉重地叹息——

沙化的良田 融化的冰川 濒危的物种 连绵的酸雨

正无情损伤着她的躯体

人类对大自然的无情虐待

必然会招致大自然的回击

善待已满目疮痍的地球母亲吧

因为爱护她，就是爱护我们自己

◎活动：根据自己收集的人类不当行为伤害地球环境的资料，以地球的口吻，写一段字或画一幅漫画，表达对这种行为的批评。

(3)注意问题。

本课学习需要借助大量的数据、图片和视频资料，所以课前调查及资料的收集必不可少。

对环境问题的理解，应引导学生思辨，思考自然环境资源开发的两面性，引导学生树立环境保护意识。

3. 我们共同的责任

（1）内容分析。

话题"我们共同的责任"旨在引导学生深刻认识到保护地球的重要性，懂得保护地球是全世界共同的责任，并能从实际生活出发，参与环保行动，思考解决自身生活中的环境问题，提升环境责任意识。

教科书第 32 页从签订协定、制定法律层面介绍了世界各国保护地球的举措，帮助学生了解更多关于环境保护的条约和法律，认识到保护地球是全世界的责任。

教科书第 33 页介绍了循环经济和清洁能源，活动园中通过对新能源特点的了解，使学生感受到人类运用聪明才智不断探索创新，为保护地球家园做出了有益尝试。

教科书第 34 页上方呈现一组环保纪念日，引导学生感受人们的环保意识正日益增强，保护地球成为了全世界人民的共同心愿。第 34 页下方的活动园中四名学生围绕"保护地球小学生能做什么"展开讨论，通过对图中同学观点的辨析，帮助学生形成正确认识，知道小学生能为保护地球环境做力所能及的事，愿意为保护地球环境做出努力。

（2）教学建议。

活动一：环保"新"法律

◎活动：课表与书包里的教科书对照清理一遍，看看哪些学科教材是循环使用的。（例如，武汉地区小学美术、音乐、信息技术学科教材循环使用，劳动学科使用电子教材。）

◎交流：引导学生寻找循环使用教材，推广使用电子书的相关依据。

◎查找资料：把 2000 年以后我国及世界上颁布的关于环境保护的行政法规和法律条文罗列出来，从不断推"新"的法律条文中感受环境问题。

◎小结：保护地球是全世界的责任，需要每个地球人都行动起来，共同遵守法律、协定，减少人类对地球的伤害。这样才能让我们的地球更加健康。

活动二：环保"星"能源

◎模拟：教师准备好展现里约奥运会8个环保亮点的图片，依次为和谐自然的会徽、开幕式播种森林、首个全绿奥运五环、低碳点火仪式、再生金属火炬、废弃品重生而来的奖牌、可持续发展主题游泳馆、中国技术带来的清洁电力。请学生模拟开幕式播报员进行相关介绍。

◎交流：结合教材第33页活动园"利用太阳能发电""利用海浪发电""利用地热发电""利用风能发电"四幅图，说说你对清洁电力的理解以及使用清洁电力的意义。

◎小结：我们不断探索创新，将清洁能源与高科技完美结合，减少环境污染和资源消耗，保护着我们的地球家园。

活动三：环保"心"达人

◎辨析：读一读教材第34页活动园中4个同学的发言，说一说哪些说法你认同？哪些说法你不认同？

◎交流：保护环境的节日有哪些？你为保护环境做了哪些事？

◎分享：请同学们将小学生能为保护地球环境所做的事情写在卡片上，讲给大家听，评选"环保达人"。

◎小结：让我们把环保承诺变为行动，为我们的地球妈妈尽一份力，添一份绿，做一份力所能及的贡献吧！

(3)注意问题。

保护地球的协定或者相关法律条文的交流活动，是通过大量信息的呈现，让学生感受到保护环境已经引起世界各国的高度重视，已经从法治层面入手限制人类对地球的伤害。

教材中出现的循环经济、清洁生产和清洁能源等词汇，学生理解起来有一定困难，可以结合生活中的具体事件或物品进行点拨，化难为简，变陌生为熟悉。

四、应对自然灾害

（一）课程目标

	我们的国家
品德与社会 课程标准	了解我国曾经发生过的地震、洪水等重大自然灾害，知道大自然有不可抗拒的一面。感受人们在灾害中团结互助的可贵精神。学习在自然灾害中自护与互助的方法。

（二）教学目标

了解自然灾害的危害，认识大自然有不可抗拒的一面，知道人类的行为会诱发或加重自然灾害。

增强防灾避险意识，提升自救自护的方法和能力。

了解人们抵御自然灾害的感人事例，体会人们在危难中不屈不挠、团结互助的抗灾精神。

（三）结构分析

本课侧重培养防灾避险的意识和自救自护的行为能力。让学生了解到大自然也有"发怒"的时候，当灾害来袭时，应该科学应对。了解为了防灾减灾，国家、政府、科技工作者所做出的各种努力。本课三个主题紧密结合"应对自然灾害"这一话题展开，同时又各有侧重，分别为"知""防""救"。

第一个话题"我国自然灾害知多少"，引导学生了解我国常见的一些自然灾害及这些灾害发生时带给人们的伤害，增强学生对灾害的认识。

第二个话题"防御自然灾害"，侧重对学生现有生活及未来生活可能遇到的灾害进行险情分析，加强学生防灾减灾意识和行为能力；了解我国政府、科技工作者以及相关法律的颁布，让学生进一步感受到人们不断探索科学、用有效的方法抗击灾害，从而提高抗灾能力。

第三个话题"不屈的抗灾精神"体现的是灾害发生时，"灾害无情人有情"，在一个个事例的介绍、故事的分享中，让学生认识到自救与互救，才能形成减灾共同体，把灾害损失减少到最低。

1. 我国自然灾害知多少

(1)内容分析。

话题"我国自然灾害知多少"旨在引导学生了解曾经发生在我国的重大自然灾害，认识大自然有不可抗拒的一面。

教科书第36页呈现了中国自然灾害分布图，通过观察分布图，帮助学生得出我国自然灾害种类多、分布广的结论，形成区域差异的观念。

教科书第37页的3幅图片及相关文字以旱灾、泥石流、寒潮三种自然灾害为例，引导学生认识自然灾害给国家、社会、家庭及个人带来的严重危害。

教科书第37页下方的活动园出示了2016年上半年中国主要自然灾害造成的直接经济损失饼状图，让学生理性分析自然灾害造成的经济损失。

教科书第38页的活动园，以乱砍伐森林造成洪涝、滑坡、泥石流为例，说明人类的不当行为与自然灾害的关系。活动园还通过小实验，验证人类活动对水土流失的影响，让学生认识到人类活动不能违背自然规律，引导学生从实际生活出发，遵循自然规律，把保护自然环境落实到自己的日常行为中。

(2)教学建议。

活动一：自然灾害知多少

◎研究性学习：课前学生以小组为单位，每个小组选择一类自然灾害，对我国(2008—2018年)近10多年发生的此类自然灾害进行调查。课上在小组内对搜集到的资料进行汇总。

◎活动：教师出示一张黑白中国地图，同学们在小组长的带领下，依次在地图上用相应颜色的彩笔画出本小组汇总的我国各种自然灾害发生的地理位置。

◎讨论：对照地图上的标准，同学们发现了什么？

◎小结：我国自然灾害发生的种类多、频率高、范围广。

活动二：自然灾害危害大

◎播放：2008年5月12日汶川地震发生时的视频。

◎研学：汶川地震，中国之痛！这次地震究竟给人们带来了哪些危害呢？学生从人员伤亡、经济损失、精神创伤选择一方面收集资料，充分交流。

◎交流：你还知道哪些自然灾害给人类带来巨大危害？

◎小结：大自然一旦发怒，带给人们的危害极其大。

活动三：自然灾害人为致

◎实验：请四个同学上台，分别取两杯同样多的水，倒入沙和绿植的两个杯子，观察流出的水的颜色变化。了解失去绿色植物会造成土地沙漠化。

◎讨论：如果人们大规模地开垦草地，会对当地的生态环境造成什么影响？

◎提问：人类还有哪些不合理的行为可能会诱发或加重自然灾害呢？

◎总结：自然灾害无法避免，人们的不合理行为也会诱发或加重自然灾害。为了让地球更加美好，我们要尊重自然规律，不要人为破坏自然，否则会受到大自然的惩罚。

（2）注意问题。

课前引导学生通过网络及书去收集相关的信息，结合学生现有的生活经验，理解自然灾害给社会发展带来巨大的伤害，给人类的生活、健康甚至生命安全带来严重的影响。

自然灾害的发生有不可抗拒的特点。人们的不合理行为会诱发或加重自然灾害，在此话题的研究性学习中要进一步帮助学生认识自然灾害中人为因素的影响，认识到人类活动不能违背自然规律。

2. 预防自然灾害

（1）内容分析。

话题"预防自然灾害"旨在引导学生学习在自然灾害面前自护与互助的方法，形成相应的能力。

教科书第39页的活动园，呈现了雷电交加时、山洪和泥石流高发期、地震发生时、泥石流发生时人们的做法，通过辨析的方式，帮助学生了解一些基本的避险知识，提高避险意识。

教科书第40页的活动园，先介绍学生自己居住地的避险设施，再尝试设计校园逃生图，增强学生防险意识，提高避险能力。

教科书第40~41页的阅读角，第41页中间的活动园及最下方的《中国人民共和国防洪法》，旨在让学生了解国家从科技创新、综合治理、法律保障等方面筑起安全防线，减轻自然灾害对人民生命、财产安全的危害，提高学生法治意识。

（2）教学建议。

活动一：安全大闯关

◎辨析：呈现教材第39页四幅图，说一说图中的做法是正确的还是错误的。如果是错误的行为，存在什么问题？正确的做法是什么？

◎角色扮演：针对本地区易发生的自然灾害，创设两难情景，请学生扮演角色进行行为选择。如：武汉地区多暴雨易内涝，方明住的小区被积水淹了，但他没有接到学校的停课通知，他该怎么办？

◎小结：增长防灾知识，遇事冷静处理，灾难来临时就会多一分逃生自救的机会。

活动二：生命自救场

◎模拟演练：播放防空警报，地震来了，请同学们紧急疏散。演练后进行采访，说说刚才采取了哪些正确的避险方法，引导学生互相提醒在避险的过程中要注意什么。教师可补充介绍"生命安全三角区"。

◎小结：积极认真参加安全演练是增强防灾意识的表现。

◎播放新闻："自由行缘何成"翻船行"？（2018年7月4—6日泰国气象厅发布气象预警，禁止普吉海域船只出港。7月5日下午，两艘游船在普吉岛附近海域突遇特大暴风雨发生倾覆事故，两船上共有122名中国游客，其中仅75人获救。）

◎角色体验：两名同学为一组，模拟对话，揣测一下事件中的船员、游客出海前的心理活动。

◎交流：如果时间倒流到事件发生之前的一天，船员、游客会选择冒险出海吗？

◎小结：特大风暴突袭，生死仅在顷刻之间，选择安全的权利在于我们自己。不涉险，不冒险，也是有防灾意识的表现。

活动三：灾害防御墙

◎小组学习：教师可根据教材第40~41页的内容，做成4个资源包(智慧气象预警、防洪工程建设、抗灾技术创新、法律制度保障)，学生进行小组自学，每一小组选一个方面准备分享介绍。

◎游戏："危害冲击波"，体验防护墙越多，危害的冲击力就越小。(两名同学牵手站立即为一堵防护墙，一名同学迎面短距离冲刺，冲开牵手即为冲破一道防护墙。随着"防护墙"数量的增加，防护不能再被完全冲破。)

◎分享：请学生说说为了减轻自然灾害的危害，大家都找到了哪些灾害防御墙？

◎小结：预防自然灾害，国家、社会都在为之不断努力！

(3)注意问题。

防灾知识的了解不能局限于知识层面，应提示学生获得知识的渠道，引发学生对防灾知识与技能的关注。

心理对话的模拟体验活动，不能只注重辩论过程，一定要形成共识：公共预警必须毫无条件地遵守。

3. 不屈的抗灾精神

(1)内容分析。

话题"不屈的抗灾精神"旨在引导学生体会人们在危难中不屈不挠、团结互助抗灾精神的可贵。

教科书第42页的三组图文介绍了重大自然灾害后，解放军和武警官兵第一时间赶到现场抢修救援，医疗人员、救援人员会在一线协助抗灾救灾，民政救援物资从各地送到灾区，帮助学生体会到人类一直在与自然灾害进行斗争，初步认识到抗灾过程中人力、物力、财力的支持必不可少，感知中国人"一方有难，八方支援"的抗灾精神。

教科书第 43 页呈现了 3 个志愿者尽自己所能、用不同方式支援灾区的故事,引导学生感受志愿者无私奉献的精神,认识到在灾难面前每个人都可以贡献一份力量,感受全国人民在灾难面前团结一心、守望相助、百折不挠的抗灾精神。

(2)教学建议。

活动一:抗灾一线的亮丽色彩

◎活动:教师用不同颜色的卡片裁剪成简单的人影,在卡片背面写出相应人物身份,如白色卡片是"医务人员",橘色卡片是"消防人员",绿色卡片是"解放军",蓝色卡片是"人民警察"。将卡片贴在黑板上,让学生根据颜色猜一猜,出现在抗灾一线的这些亮丽色彩是哪些人。学生猜测并简单讲述猜测的理由。最后出示卡片背后的文字,揭晓答案。

◎提问:学习教材第 42 页图文,说一说你看到什么?从他们的表情和动作中感受到什么?引导学生感受各部门救助人员与灾难抗争的众志成城和顽强不屈。

◎交流:当重大自然灾害发生后,媒体报道的哪些画面给你留下深刻印象?

◎小结:一方有难,八方支援。抗灾救灾一线一道道亮丽的色彩让人们充满生的希望。

活动二:抗灾救助的志愿之手

◎播放:出示一组手的照片:"求生的手"——一所被震倒的中学现场,一名女生伸出求援的手,她不久后获救;"救命的手"——青年志愿者齐心运送重伤员;"献血的手"——南京鼓楼医院的医生们伸出手臂,踊跃献血,救助地震灾区伤员;"捐款的手"——机关广大干部职工纷纷伸出手为地震灾区捐款。最后一张照片播放青年志愿者标志。

◎交流:在抗灾救助的现场或新闻中,你们见过这样的一只只手吗?

◎活动:出示教材第 43 页三组人物,假如要为他们颁发奖状,你会怎样写颁奖词?写好后,全班朗读展示颁奖词,可以评选出最佳颁奖词。

◎小结:面对躲不过的灾难,我们悲痛,我们哀伤,但我们更在灾难中奋起。面对灾难，中华儿女不论身处何地，都会伸出自己的手，握住求助的手，团结互助，共渡难关。

（3）注意问题。

颁奖词的书写会有一定难度，可以提示学生在收集的故事中寻找合适的语句。颁奖词的内容也诠释了学生对抗灾精神的理解。

"椅"生为主　用心交流
——"学会沟通交流"教学实录及反思

洪山区广埠屯小学和平分校　汤黎

一、教材分析

　　"学会沟通交流"是统编版《道德与法治》五年级上册第一单元"面对成长中的新问题"中的第2课。全文共三个部分：第一部分"正确对待不同看法"旨在引导学生明白人与人之间出现不同的观点是很正常的，学会理性看待意见分歧；第二部分"真诚坦率很重要"旨在引导学生在面对矛盾分歧时选择正确的态度与方式；第三部分"与人沟通讲方法"旨在引导学生学会恰当的沟通技巧。本节课，执教的是第一课时："正确看待不同看法"及"真诚坦率很重要"两个框题。

（一）学情分析

　　五年级的孩子具有一定独立思考的能力，也相对自我。我们发现，绝大部分孩子在与他人观点发生分歧时会采用各执己见、互不相让的态度，常常因为观点分歧而影响同学关系，也有的同学在沟通时采用了不恰当的方式而导致沟通失败。引导孩子理性看待分歧，学会用合适的方法与人沟通交流是本年龄段孩子成长的需要。

（二）教学目标

（1）懂得坦率地沟通可以有效地化解矛盾，促进和谐。

（2）在与他人交流沟通时能够主动换位思考，学会恰当地表达、耐心地倾听。

（3）与人交往中遇到分歧时能够理解和接受他人的观点。

（三）教学重难点

（1）懂得坦率地沟通可以有效地化解矛盾，促进和谐。

（2）在与他人交流沟通时能够主动换位思考，学会理解和接受他人的观点。

（四）教学准备

每位学生一张白纸；课件准备。

二、教学过程

（一）游戏导入，揭示话题

师：同学们，我们来玩个折纸游戏吧！我来说，你们来折！准备好了没有？对折、对折再对折！（生按指令对折）

师：请把你们最后折出来的纸举起来大家看看。诶！怎么大家折的不一样呢！有的同学折出来的像扇子，这么长；有的同学折得小小方方的，像豆腐块。你们是不是按照我的指令来的，我来检查一下！请这位同学来折一折。

生1：（边演示自己对折方法边说）我是这样对折、对折再对折的，折成了豆腐块。

生2：（边演示自己对折方法边说）对折第一次，对折第二次，对折第三次。我确实也是折了三次，折成了这样长条形状的。

师：那为什么同一个指令，大家折的都不一样呢？

生1：有的同学是按照同一个方向折了几次，有的同学折了一次就换了一下方向再折，所以不一样。

生2：每位同学都是按照自己的理解和想法来折纸的。

师小结：看来，对同一句话，每位同学的想法不一样、理解不一样，折出来的形状就不一样。

1. 活动一：看法不同很正常

师：那平时在生活当中你们有没有对同一件事情有不一样的看法呀？你们在组内和同学一起说一说。

生1：昨天晚上我和妈妈饭后散步。妈妈想去公园玩，我想去图书馆。

师：在生活中，你是和妈妈对去哪里玩，想法不一样。

生2：教室里水杯的摆放，有的同学想放在前门，有的同学想放在饮水机旁。

师：在校园里，同学们对水杯的摆放各有各的见解。

生3：今天中午吃饭，我想在家吃，我爸爸想去外面餐馆。

师：就连吃饭这件小事，我们也会有不一样的选择。

生4：做数学习题时候，虽然结果一样，但是解题过程和思路每个人不一样。

师：和同学交往、和家人交往，在校园、在家里，甚至在出去玩的路上，我们经常会对同一件事情有不一样的看法，你们觉得这个正常吗？

生：（齐声回答）正常！

师：这是我们的第一个发现，我们一起把这个重要发现记录下来吧！（板书：看法不同很正常）

2. 活动二：换位思考很重要

师：那意见不一样，听谁的呢？今天这节课，我们就来聊聊这个话题：学会沟通交流。（板书：学会沟通交流）

师：汤老师想现场招募两位小演员，请他们来把我们的课间10分钟情景再还原一下。（学生举手，指名2位学生上台前）请你们按我的要求情景再现。

（对学生耳朵小声说：你们俩课间想玩游戏，你说，课间就十分钟，我们玩手头剪刀布、可以多玩几盘，记得语气不好；另一位同学，你温和一些，说我们坐了很久了，课间我们去操场玩跳绳吧！运动一下！）

情景再现：

师：（课件音乐：下课铃声）下课铃声响！

生1：走吧，我们一起去玩石头剪刀布吧！

生2：我想去玩跳绳呀！

生1：可是课间时间短，我们也没时间玩呀！（表情生气）

生2：但是我觉得跳绳可以锻炼身体。

生1：哼！那你自己去玩吧！

师：如果他们是你的小伙伴，你会选择和谁玩？

生3：我想玩石头剪刀布，因为课间时间很短。

师：你和刚刚那位女生想法一样，来！我们重温一下。

生1：哼，你自己去玩跳绳吧，我就想玩石头剪刀布！

师：（提问生3）她这个语气，你还想跟她玩吗？

生3：我不想跟她玩了！因为她语气不好，本来我想玩石头剪刀布的，现在我都不想玩了。

师：态度不好！本来想和她一起玩的，结果……

生：（齐声回答）不和她玩了！

师：那如果这两位同学接下来交流可以会怎么样？

生：（自由回答）争吵。

师：再往下发展呢？这段友谊可能会？

生：可能就失去这个朋友了。

师：这可怎么办呐！汤老师这里有两把神奇的椅子。你坐在这边，你就知道了想玩石头剪刀布的心情，你坐另一边就读懂了下去打篮球同学的想法。谁来试试看！

生到讲台前体验换位游戏。

生：（多名生体验）选择玩跳绳因为它可以让我们活动一下，锻炼身体。（学生从一个板凳换到另一个板凳）玩石头剪刀布的原因是课间时间太短了，玩石头剪刀布可以多玩几次。

师：这两把椅子真的有神奇的魔法吗？为什么我们一坐上去就读懂了对方的心思呢。

生：其实，我们是换位思考了。理解了对方的心情，了解了对方的用意。

师：说得多好啊！让我们一起把这个想法记录下来！（板书：换位思考很重要）

师：刚才我们很快就读懂了同学的心意，那家人的心意，你们明白吗？（播放视频：男孩在家做作业想关门，妈妈不让他关门，由此引发的争吵。）

师：谁想来体验一下这神奇的椅子，了解一下同学怎么想的，家长怎么想的！

生：（多名生体验）我想把门关上，因为外面太吵了。（学生从一个板凳换到另一个板凳）妈妈不想关门，是怕我不自觉，躲在里面玩游戏，没有做作业。

师：你在家是开门还是关门？

生1：我在家是关门的，因为外面妈妈做饭，爸爸打电话的声音太吵了。

师：嗯。你需要安静的学习环境。

生2：我在家是开门的，遇到不会做的题目可以直接问爸爸妈妈。

师：这样更方便交流。

生3：我在家也是开门，因为爸爸要监督我学习，他怕我不自觉在里面玩电脑。

师：我们现场连线一下，听听看家长是怎么想的！（播放家长视频：家长们更想开门做作业是希望让孩子们能够更好地把握时间，更自觉地学习。）

师：听了父母的话，你这会是打算开门还是关门？

生1：我还是坚持关门，因为我需要独立的学习空间。

生2：我会开门，这样爸爸妈妈就会更放心一些，互相理解。

师：的确，与人沟通交流时候简单拒绝和一味接受都不是好办法。换位思考更不等于一味妥协。请看，汤老师的学生们，就是这样沟通的。（播放三位同学视频：（1）和父母真诚解释自己需要安静空间，需要关门；（2）需要安静空间但是又能理解父母的担心，选择把门半掩着；（3）怕自己管不住自己，把门打开，想要父母提醒与督促。）

师：你们觉得这三位同学做得怎么样？

生：都做得很好，他们都没有争吵，而是心平气和地听父母讲道理。

师：与人沟通是门学问，就像我们这扇大门。打开门，是我们对父母的理解；关上是父母对我们的信任；半掩着是我们给彼此一些空间的智慧……让我们为他们有智慧的交流沟通鼓掌。

3. 活动三：意见不同怎么办

师：听，什么声音？（视频播放：两位好朋友出去玩，一位同学想买豪华游船50元，一位同学想买普通游船20元。）两位同学为一组，你们来沟通沟通，试着表达自己的想法，然后你们俩商量出一个结果。

小组讨论，全班交流。

生1：我想坐豪华游船，因为我想体验一下，它是不是比普通游船好一些。生2：我想坐普通游船，因为它划算一些，父母赚钱不容易。

师：马上开船了，我们得商量出来一个结果呀！

生1：（和旁边生2小声讨论交流后）我还是坐普通游船吧，多的钱我们可以一会再买点零食。

师：你刚才不是想坐豪华游船吗？

生1：我是想坐，但是也不是非坐不可，可以先和他一起坐普通的。我以后如果还想再坐豪华游船，可以和想坐豪华游船的好朋友再坐一次。

师：这位同学非常珍惜和小伙伴的友谊，他选择了"妥协"。如果双方说得都有道理，难以取舍的时候，我们总有一方要迁就另一方，互相理解多体谅。（板书：互相理解多体谅）

师：今天这节课，你有什么收获吗？

生1：我们与人沟通时候，要考虑对方的感受，不能总想着自己。

生2：我们要多听听别人怎么说，想一想他说得有没有道理。

生3：如果遇到矛盾的话，要多多体谅别人。有时候如果最后的结果不是自己一开始想的，要多多包容对方，体谅对方。

师总结：生活中的矛盾，我们换一个角度去看，就会发现不一样的风景；与人交往遇到双方都有道理僵持不下的时候，需要我们用智慧、善良、责任去包容、去理解。

4. 板书设计：

学会沟通交流

看法不同很正常

换位思考很重要

互相理解多体谅

三、教学反思

　　40 分钟的课堂，对于五年级的学生，我们应该如何根据他们的特点以及他们的真实生活加以引导和交流呢？这需要课前大量的学情调查，走进学生真实的生活世界。同伴之间玩游戏意见不统一争得面红耳赤，和父母经常为了一点鸡毛蒜皮的事情争吵不休……这都是发生在他们的真实生活中的。

　　我采用"活动-体验-感悟"的模式，让学生们在活动中得到情感体验。"折纸游戏"这一个简单的活动体验，使"面对同一件事，大家理解不同很正常"这种抽象的道理直观、形象地被大家理解和感受。那当我们遇到了意见不统一的时候怎么办呢？我设计了换个椅子就能读懂别人的心的活动体验，让学生们感受了身体的换位体验，更是思想上的换位感受。那面对不同的意见怎么办呢？学生们通过一个个生活中的案例："写作业是开门还是关门？""出去玩买船票是买普通的还是豪华的？"等问题中，小组讨论各抒己见。通过一系列活动让学生们感受到与人沟通没有标准答案：坚持自己的内心想法要用能让别人接受的语气表达自己合理的诉求；改变自己的选择迁就了别人，看似妥协，其实是在与人沟通时，多了一份对他们的理解和体谅。活动设计层层推进，达到了预期的设计效果。

　　教学是门遗憾的艺术。我在设计的时候，选取了很多本班孩子的真实生活案例，其中还有一些属于家庭生活的板块，如果放在专门讲家庭生活的单元会更贴切，下次再组织这节课的时候，对案例的选取应再多多琢磨。深入研读教材，走进学生的真实生活世界，立足执教班级班本化的过程，让课堂除了吸睛的活动，更多地是需要重视孩子们思想的碰撞和体验。打开教材，它是教本也是学本，更是一个窗口。它连接着教师与学生的世界，连接着学生与他们的生活世界。

　　由情入境，由境入学，"椅"生为主，用心交流。常常反思，时时进步，更好的课是下一节，更美的风景在路上。

《道德与法治》一年级下册

——"我们有精神"教学设计

武珞路小学金地分校　李晓琪

一、教学目标

(1)养成良好的生活习惯，珍视自己的仪态、仪表，愿意做一个有精神的小学生。

(2)能在公众场合及生活中保持外貌整洁有精神。

(3)知道良好的精神面貌的表现会产生良好的自我认同感。

二、课程标准

《道德与法治》课程标准提出健康、安全地生活是儿童生活的前提和基础，它旨在使儿童从小懂得珍爱生命，养成良好的生活习惯，获得基本的健康意识和生活能力，初步了解环境与人的生存的关系，为其一生身心健康地发展打下基础。"我们有精神"一课侧重培养儿童养成良好的卫生习惯，珍视自己的仪态、仪表，产生良好的自我认同感，有良好的精神面貌，因而体现了"健康、安全地生活"所反映的"初步养成良好的生活、卫生习惯"中的第 1 条"按时作息，生活有规律"，第 2 条"养成良好的个人卫生习惯"。

三、学情分析

从学生的心理特点与认知程度来看，一年级孩子年龄小，天性活泼好动，自我管理能力较弱。一年级学生对于"我们有精神"理解比较简单。他们认为坐得端正、声音响亮、穿得干净漂亮就是有精神了，即使这样，学生也不容易做到。比如，坐得端正也就只能坚持一两分钟；回答问题时往往是第一句话声音很响亮，接下来声音就小了；有的学生被提醒要响亮地回答问题时才能够做到，不提醒就做不到了；有的学生根本就不敢大声说话；还有的学生由于习惯问题，无论是走路还是坐着，肩部都打不开；有的学生甚至不敢正眼看人。如何引导学生养成有精神的好习惯，在学习、活动、表达、生活方面都能够从内而外地有精神；怎样才能既不伤害儿童的自尊又能引起儿童重视有精神的问题，这些需要我们精心设计活动环节正面引导，让学生在活动中掌握一些有精神的好办法，并督促学生在生活中不断这样去做，从而形成良好的卫生习惯，重视自己的仪态、仪表，产生良好的自我认同感，拥有良好的精神面貌。

四、教材分析

"我们有精神"一课，旨在帮助学生"养成良好的生活习惯，有良好的精神面貌"。侧重帮助学生实现内在和外在精神的结合。引导学生去分析人的内在精神更为重要。引导学生知道，只有当外在的精神与内在的精神配合在一起的时候，才是真正的有精神。这不仅反映了一个人的精神面貌，而且表现了对他人的尊重。

本课三个主题紧密结合"我们有精神"这一话题展开，同时又分别侧重不同的要点。教科书以"这样真精神"为切入点，引导学生理解"有精神"的状态，升旗仪式中学生挺拔地伫立在操场上，引导学生领会在正式、庄严的场合里"有精神"的样子。在此基础上，引导学生关注日常生活中的"有精神"。无论是坐姿端正、认真读书的样子，还是站得挺拔、高唱爱国歌曲的样子，或是在课堂上响亮回答问题的样子，都是"有精神"的具体表现。接下来，教材通过对学生坐姿的对比图，帮助学生了解"有精神"的价值，以此说明"有精神"对身体健康的重要意义。而在第三个小主题"我们天天有精神"中，教材旨在帮助学生找到自己在不同状态中"有精神"的感受。教师要引导学生回到生活中，思考怎样才能每天都有精神，从而进一步讨论保持天天有精神的策略和办法，让有精神成为一种生活常态。

五、教学准备

精神的照片及故事。

六、课时安排

1 个课时(空中课堂)。

七、教学过程

(一)活动一：绘本故事《谁精神?》

导语：宝贝们，你们喜欢读绘本故事吗？这节课老师给大家带来了一个有趣的绘本故事。请大家与我一块儿边读绘本边想一想：故事中谁精神？(讲故事)

故事读完了，同学们，你们说到底谁精神呢？把你的想法说给身边人听一听。那同学们，漂亮、眼睛大、声音响、姿势美、起得早，这些是有精神的表现吗？

小结：对，这些是有精神的外在表现，但是只有这些还不够。只有"由内而外"的有精神才是真正的精神！

过渡：那么，什么才是"由内而外"真正的有精神呢？

(铃声)李老师电话响了,是谁呢?

(二)活动二:有精神真好

乐迪来电:李老师,您好!我是乐迪,正在参加"有精神真好"的摄影大赛,拍了不少照片,请您帮我看看吧。(出示第一组照片"坐")

(1)我们一起来看看这组照片,谁的坐姿好?为什么?跟你身边的人交流一下。交流完了吗?没交流完也不要紧,下课了继续。

我们来看看,原来不正确的读书姿势有害健康。具体的,来看一个短片了解下。(动画片)

所以,良好的精神,能让我们的身体棒棒的!嗯,有精神真好!

(2)再来看看这张(站),精神吗?为什么?

那大家发现了吗,无论是坐还是站,身体哪个部位做好了就显得有精神?

是的,无论是坐还是站,背挺直就能显得有精神。

观课的你坐得如何呢?背挺直、坐端正了吗?听我的指令,我们一起来练习有精神地坐和站。

坐:有学习桌的同学,双臂交叠,像左图这样端正坐;面前没桌子的同学,双臂自然垂下、手放腿上、像右图那样。无论哪种,注意背部挺直、面带微笑。(点击)

好了,端正坐练习完了,我们一起来练习站。起立!(点击)注意站的时候背部挺直、面带微笑。

过渡:好了,有精神地端正坐、笔直站,我们就练到这里。继续来看乐迪发来的照片。

(3)这两位同学不同的走路状态,你喜欢哪个?为什么?

是的,走路垂头丧气、弓着腰或者驼着背,让人感觉不精神、不美;而昂首挺胸地行走就给人精神抖擞、自信向上的面貌。有精神真好呀!

所以,如果你以后走路时弓腰驼背,别人会怎么看你,这下知道了吧!

来,我们一起练一练吧!起立!找一块位置大点的地方,面带微笑、笔直站好。预备——走!1——2,1——2,静悄悄,走出自信,走出朝气……停!

请同学们回到座位上端正坐好，我们继续上课。

小结：原来，外在美观大方，内在身体健康、心情愉悦、与人友善，这样的"内外统一"，就是真正的有精神！

过渡：咦，咦——魔镜在震动，怎么了？我们去看看。

（三）活动三：天天有精神

（1）小花：魔镜魔镜告诉我，要怎么样才能做到天天有精神？我也会有累的时候啊，怎么办？

原来是小花在向魔镜寻求帮助呢！那魔镜有没有好的建议呢？我们继续看看。

魔镜：小花，你别急！我们可以分场合啊——

像在这种庄严的仪式里，你可得挺拔地站，才能表达自己的热爱、崇敬之情。

还有这种比赛的时候，注意力可得集中，大家的动作才能整齐划一，这样精神饱满了，就不难取得好成绩了！

这些都是正式场合里"有精神"的样子，做到很容易的！

那日常的坐立行就选择自然的、舒适的，可以时时有精神的状态就好了！但记住一条：歪七竖八的姿势一定不利于健康成长。所以，小花，就从日常来培养毅力，让"有精神"成为一种生活常态吧！

小花：魔镜魔镜，你的话真有道理！我想到了，我要把这句话贴在你脸上，时刻提醒自己！小朋友们，你们也可以像我这样哦！

"歪七竖八，有害健康"，小花把这句话贴在了镜子上，这样在她每次照镜子看自己是否有精神的时候就能够提醒她了！方法真好！

（2）魔镜帮助小花解决了坚持难的问题。其实李老师这里也有一个方法，我们可以像这样列一张表格，每天按照表格上的要求做。每坚持一天，给自己奖励一颗星；坚持一周的同学，家长奖励一颗星；对于坚持一个月的同学，就可以向老师申请做一天的值日班长了！当然，你可以把表格里的图案换成自己喜欢的呢，试试吧！

（3）要做到天天有精神，魔镜建议了一个方法，李老师我也建议了一个方法，大家还有好方法吗？可以跟身边人讨论一下，说一说。

相信大家你一个、他一个，会有很多的好方法来督促自己"天天有精神"，让"有精神"成为习惯。

结语：大家看，无论什么职业、无论老少，整洁的仪表、正确的体态、积极向上的心态，这便是有精神，它带给人的感受是自信，是朝气蓬勃，也是赏心悦目，更是在遇到困难和误解时的努力进取和乐观积极。在这个春节，我们因为新冠肺炎疫情不能出门，但同学们还是应该要做到保持整洁、让自己有精神，这可是击败病毒的有效武器呢！让我们好好利用这个寒假，持之以恒，使自己成为一个从内到外都有精神的学生！

在患难中学宽容

——六年级上册《道德与法治》"学会宽容"教学案例

武汉市鲁巷实验小学　李翠芳

一、背景

　　一场突如其来的疫情,将武汉按下了暂停键。重启的武汉,又慢慢回到了往日的繁华与热闹,然而,病毒汹涌来袭时,居家封城、线上教学的那段生活却让人刻骨铭心。记得,那是三月的一天,我接到了教研员黄老师的电话,问我可不可以上六年级的道德与法治课"学会宽容"空中课堂。我说当然可以,国家有难,匹夫有责,我愿意为洪山教育做贡献。

　　接下来,就是认真地钻研教材和设计教学过程,寻找素材,制作课件与视频。经过反反复复的研究、打磨,一节联系现实生活、切合社会状况、感动人心的空中课堂视频课生成了。

二、案例描述

　　也许这节空中课堂的故事中缺乏了课堂里的师生现场互动和即时生成,但是,故事里的事也牵动人心,让人寻味。

1. 总构思:春游宽容城

春天来了,草绿了,花开了,我们却还宅在家里!这是武汉人今年春天的遗憾。孩子们这个时候最想的事情应该是出去春游，于是我把整个课设计成了一场春游——春游宽容城。

开课导语：自从疫情开始，大家是不是一直宅在家里？这节课，李老师想带大家出去走走，我们一起到宽容城里春游吧！

整节课我都是导游，带领孩子们到公园里去游玩，一共有四站：

第一站——宽容直播间。在这里给大家听听日记，看看动画片，说说宽容的故事，认真观看的同学可以得到一张"宽容卡"。

第二站——宽容帮帮团。在这里，我搜集了一些发生在学生家里的、学校里的以及社会上的故事，请同学们帮忙想想办法，解决大家的难题，办法好的同学可以得到宽容城送出的"静心卡""包容卡"和"礼让卡"。

第三站——宽容明镜台。在这里，我请同学们照照镜子，辨析一下镜子里的说法、做法是否正确、合法，说得好的同学将得到一张"原则卡"。

第四站——和美大舞台。在这里，同学们将看到自己多姿多彩的宅家生活剪影和中华文明在包容中发展壮大的优美视频，还听到了习爷爷的讲话。我们既有包容又有自己的独特风格，宽容城送给同学们一张"和美卡"。

最后，春游快要结束。这既是送给疫情之中携手奋斗、彼此关爱的我们，也是歌颂我们这个和谐、美好的中华大家庭，更是勉励大家只要心怀善良、心手相连，一定能战胜风雨，相拥美好。

2. 故事一：一篇日记引发的灵感

疫情期间，我收到了一个学生写的一篇宅家日记，日记的主要内容是：宅家的日子里，大家生活物资主要靠社区团购，有一天学生的妈妈到小区门口取鸡蛋，鸡蛋破了几个，妈妈却没有责怪社区工作人员，而是体谅大家的不容易，选择了宽容。学生联想到当时有些人因为不能出去而与社区工作人员争吵、不能及时就医而与医生争吵，与当时一些人的那么焦躁不安形成了鲜明对比，于是很欣赏妈妈的做法。

看到这则日记，我不禁想到这不是正好可以当作我上课的素材吗？于是，我把这则日记制成了一段音频，配上了文字和舒缓的音乐，在课的开始，我就给学生展示了这则动人的小日记。

教师：首先，欢迎大家走进宽容城第一站：宽容直播间。我们一起去看看吧。

1. 播放温馨小视频《我的宅家日记》

2. 播放视频：外卖小哥来了

教师：看了这两个小视频，你们想说什么呢？

学生思考，回答：我想到了他们都有一颗宽容的心。

教师：嗯，同学们都想到了一个词——宽容（PPT出示）。

教师：什么是宽容呢？对，就像故事中的轩轩同学的妈妈和动画片中的小朋友一样，宽容是一种善待他人的态度（出示）。

感谢这位妈妈的宽容。如果她不够宽容，而是指责志愿者，可能会引发一场争吵，更有可能伤了志愿者的心，打消了他们的工作热情，进而影响了我们正常的生活秩序。特殊时期，我们更应该懂得别人的艰辛，善待医务人员、社区工作者，善待身边的每一个人。大家彼此宽容显得更为重要；也感谢小朋友的宽容和友好，让辛苦的外卖小哥的心灵得到了安慰和温暖。宽容，让人们彼此宽待、和睦相处。宽容城想送给同学们一张宽容卡。善待他人是宽容，和睦相处更美好。

封城的日子里，许多快递小哥解决了我们生活日常所需，许多快递小哥的故事让人感动，所以我选择了一个"外卖小哥也辛苦"的小视频，让学生初步感受来自我们身边的宽容。

3. 故事二：隔离在家里怎么学宽容

备课的时候，跟学生聊了一下有关宽容的话题，有的同学说："老师，我们都宅在家里，又不能出门和人相处，怎么学习宽容呢？"是啊，学会宽容的前提是要有与人的相处。这个问题我也思考了很久，后来在不断收看到的新闻中，在家长的朋友圈里，在学生的作业中，我找到了答案。

（1）在家里学宽容。

教师：首先请看班上一个妈妈发过来的小视频。

播放视频："弟弟打扰哥哥"。

教师：许多同学家里有弟弟或者妹妹，你们宅家学习的时候也碰到过这种情况吗？如果是你，你会怎么办呢？

学生：我家小妹妹也经常打扰我上空中课堂，害我听不好课。

学生：我也是。

学生：哥哥那么生气，那么凶狠地对待弟弟，都把弟弟吓坏了。弟弟还小，不懂事，哥哥应该宽容对待弟弟，遇到他来打扰的时候心平气和地处理，哥哥可以好好跟他说，实在不行，可以找家长来帮忙劝走。

教师：是啊，你们看，这个哥哥也知道错了，上完课他去给弟弟道歉了。

教师：大家请看（放视频："哥哥道歉"）。

教师：哥哥做得真棒！面对别人的错误时，我们要让自己冷静下来，安定、平和地应对，有益于建立良好的兄弟姊妹、同学朋友、亲人关系等。特别是在疫情期间，大家的情绪不免会多了些不安、担忧、急躁等，这个时候更需要冷静、淡定。宽容城送给大家一张静心卡。理性平静少怒气，安定平和性情好。

（2）在社会学宽容。

教师：这里有一张漫画，大家猜猜发生了什么事情？

学生：急诊室里，病人的家属在责怪医生。

教师：对，在医院急诊室里，一位患者家属急着要医生给自己的家人看病，可是前面还有病人，他等不及了，就跟医生吵起来了。如果你在旁边，你怎样去劝说他呢？

学生劝导：阿姨，前面的病人病情很危急，请您耐心等候。

教师：是啊，由于客观原因，医生不能及时给每个病人看病是肯定存在的，排队等候是常见的事情，也是必须遵守的规则。每个职业都会有一定的局限性，需要彼此体谅。

教师进一步提升：在危难面前全国许多医务人员没有退缩，选择逆行，离开家人，奋战前线，跟病毒作战，他们有的疲惫了，有的感染了，有的甚至付出了宝贵的生命。

播放疫情期间医护人员奋力工作的视频。

教师：他们这样为我们付出，我们还有什么理由不去体谅、理解他们日常的工呢？

（3）在学校学宽容。

播放视频："同桌之间"。

教师：这两个同学怎么了？你们同学之间有过这样的事情吗？怎么解决的？赶快说给家长听一下吧。

（一个同学这样说：播放学生录音。）

教师：是啊，同学之间何必为这点小事斤斤计较，打击报复呢，影响学习和友谊真不划算。遇到矛盾时大度一点，礼让一点，少计较，不生气，不报复。忍一时风平浪静，退一步海阔天空。生活中因为有了礼让，才有了更多和谐与美好。我们一起去看感受一下。

（播放和谐社会、互相礼让的一段温馨视频。）

4. 故事三：宽容明镜台

相信大家都还记得疫情期间发生过这样一件事情：一个街道用垃圾清运车装政府爱心肉给社区居民，引起社会广泛关注。我就想这件事情该不该宽容呢？正好可以让学生讨论一下。

在讨论之后，教师小结：对于他人有意的人身侵害行为我们要抵制，要学会保护自己，对于破坏公共设施、玩火等不良行为我们要及时劝阻、制止，对于违法行为更是不能忽视和放任。宽容要有限度、有原则，无限地宽容就是纵容和姑息迁就。对于那些突破底线、违反原则的伤害是不能原谅的，必须严肃对待和处理。

三、案例分析

抓生活感悟 促道德提升

小学"道德与法治"课程是一门以学生生活为基础、以学生良好品德形成为核心，促进学生社会性发展的综合课程，强调要让学生在参与社会中学会做人，形成规范和道德品质。本案例以学生真实的疫情生活为基础，重视学生生活中的所见所闻所感，突破空中课堂的局限性，采用灵活多样的学习活动形式，使学生在一个个故事、活动以及优美的音乐、温馨的画面中冷静思考、明辨是非、感受温情、学会宽容。

1. 关注时事，巧用疫情

疫情就是最真实的素材。疫情期间，我们不能出门，但是好在现在有了非常发达的新闻传播系统，手机、电视、电脑每天都将疫情的发展、社会的状况传递给我们，真可谓足不出户可知天下事。许多学生也关注到了，面对新冠肺炎疫情有的人选择逆流而上，奉献他人；有的人因为焦虑、恐慌而与医护人员、社区管理者、警察、志愿者等发生矛盾与争吵，在疾病与灾难面前，无不考量着人的道德品质。大人应该怎么面对，小孩能学会什么，是一个值得深思的问题，于是，我想疫情期间发生的事情，也是来源于生活的最真实的感受，可以成为学习宽容的一个很好的素材。于是我将疫情中发生在社区、医院、街道的事情选择性地呈现在学习宽容的过程当中。学生亲身经历过的事情，感悟是最真实和深刻的。也为学生参与社会生活打下基础。

2. 联系实际，指导交往

从来没有哪一次像这样全家人一天 24 小时都宅在一起的，而且一待就是几十天。这么长时间的相处，总会发生这样那样的矛盾和冲突，与家人相处怎么学会宽容？我在家长的朋友圈里看到了家长的烦恼：一辅导孩子写作业，家里就鸡飞狗跳；二胎家庭一个要上网课，一个在旁边打闹，二胎妈妈手忙脚乱；长时间上网课，孩子趁机玩起了游戏，妈妈不让玩，孩子又哭又闹等，抖音上很多家长发出的视频好气又好笑，但也是宅家生活的真实写照。于是，我把学生家长朋友圈发的家庭生活小片段拿出来让学生观看和讨论，学生热情很高，仿佛看到了自己。

当然，虽然疫情挡住了我们去学校学习的脚步，但这肯定是暂时，我们相信总有一天会战胜病毒，重返校园，作为教师也有责任放眼未来，让学生回忆、讨论与同学如何做到宽容相处。宅在家里的日子，孩子们都很怀念学校的生活，于是我播放了一段同学之间的小视频来勾起学生的回忆，引发大家的探讨。

3. 形式丰富，以情感人

本节课是空中课堂的授课形式，为避免枯燥无味的讲解，我设计了多种多样的教学形式来吸引学生，整节课以春游的形式开展，创设出城堡的意境，老师当导游，带领学生一站一站地游览，在站台可以看直播、听故事、说感想、赏视频、照镜子、观漫画，每一站都带给学生不一样的感受。游览完一站，还可以得到一张城堡送出的卡片，学习的同时就像游玩欢乐谷。

授课过程中老师用温情的语言和温馨的画面，为学生创设温暖的上课意境，用一种关爱的态度来帮助学生克服疫情中的恐慌，给学生带来温暖。整节课既立足于学生的宅家家庭生活，又着眼于当下的疫情社会，还放眼于学生的校园生活，在指导学生人际交往的形成过程中帮助形成良好的道德品质和行为规范，帮助学生形成家国情怀。

实　践　篇

我们的课内教研——教师上课

我们的课内教研——道法研讨课活动

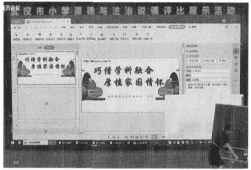

扎实推进统编教材党史主题教育研讨工作

——小学"道德与法治"党史教育经验交流分享活动在洪山一小举行

为庆祝中国共产党成立 100 周年，深入推进党史学习教育，2021 年 6 月 17 日下午，武汉市教育学会小学品德与生活(社会)教学专业委员会、洪山区教科院在洪山一小共同举办了"学党史　强信念　跟党走"党史教育经验交流分享活动。

人民教育出版社综合文科室富兵主任、武汉市教育科学研究院小学道德与法治教研员孙玮老师、洪山区教科院教研员黄莹老师、洪山一小王淑芳校长、硚口区教研室熊卉老师、武昌区教培中心吴智勤老师、东湖开发区光谷十七小叶青老师和武汉市部分骨干道德与法治教师参加本次经验交流活动。

活动伊始，武汉市教育科学研究院道德与法治教研员孙玮老师介绍了本次活动的议程和活动目的。

一、说课

　　洪山区第一小学何苏舒老师结合学校开展的"洪'牛'读史、人人创先"阅读节活动，对五年级《奋斗百年路　启航新征程》党史学习活动课进行了说课。她通过"红领巾寻访""学习身边优秀党员事迹"和"践行'三牛'精神"三个活动内容带领学生重温党史、学习和践行党员"三牛"精神，引导学生从小学党史，永远跟党走。

东湖开发区光谷七小邵晶老师对统编小学《道德与法治》五年级下册第三单元"中国有了共产党"第三课时进行了说课。她紧紧围绕"长征"这一主题内容，采用讨论、探究的方式让学生对长征的起因、长征的路线、长征的故事、长征的艰难进行深入的研究和精彩的分享，引导学生感悟传承不怕牺牲、百折不挠、浴血奋战、勇往直前的长征精神。

二、洪山区道德与法治骨干教师经验分享

洪山实验小学的刘会主任分享了以"多维融合，让学生爱上道德与法治课"为主题的工作思考。作为学校行政干部和道德与法治教师的她将学校德育工作和道德与法治学科内容进行了有机融合，创设了学校特有的"五大行动指南"，让学生践行的同时真心爱上道德与法治课。从细节入手，夯实每一节道德与法治课，把思政小课堂同学校、社会、家庭大课堂深入融合，一体化培养。

武汉市洪山一小王淑芳校长从"需求出发　引领课堂新样态""躬身入局　协同发展共情力""脚踏实地　谋略创新显实效"三个方面阐述了工作室的研究实践方向：让学科教学与学校整体德育活动融合，与课程思政对接，让课堂成为学生情感成长的生命场。

结合"从小学党史，永远跟党走"的党史教育活动，工作室构建了一横一纵思政课程坐标轴，横轴包含图画百年宣传教育、寻访红色足迹实践活动；纵轴将每个月重大节庆及纪念日的学习实践融入课堂，引导学生延续红色血脉，扣好人生的第一粒扣子。活动设计注重了解学生需求，激发学生情感，努力使"从小听党话，永远跟党走"的教育活动直抵学生内心。

三、武汉市部分骨干教研员党史教育经验分享

硚口区教研室熊卉老师声情并茂地介绍了硚口区"学党史"教育活动，通

过六个红色活动、"五个一"现场情景微课、红色地标寻访,推进学生知信行统一,做硚口"五有五艺"好少年。特别是"五个一"现场情景微课:一道曙光(十月革命)、一本杂志(新青年)、一个人物(李大钊)、一场运动(五四运动)、一艘红船(嘉兴红船),展示建党之前中国人民在黑暗中的求索和追寻,激励青少年争做为共产主义事业不懈奋斗的先锋少年。

党史教育活动课究竟怎样上才能走进学生的心里?武昌区教培中心吴智勤老师以武汉市中小学党史学习教育研讨会(小学专场)上柳丽老师执教的"我心中的中国共产党"为例,分享了武昌区在开展党史教育活动过程中的心得与经验。走心走实方能动情,要让百年党史真正走进学生心灵,关键要将课堂连接生活,调动学生已有经验,才能让青少年产生共鸣。她建议将学习党史与学习新中国史、改革开放史、社会主义发展史相贯通,真正做到学史明理、学史增信、学史崇德、学史力行,才能让红色基因、革命薪火代代传承。

洪山区教育科学研究院黄莹老师详细地介绍了洪山区小学道德与法治党史教育专题系列研讨活动。洪山区道德与法治教研围绕"党史教育进课堂,立足教研提质量,把党史课上进学生内心"这个重点专题进行研讨,借力本次承担的市党史教育专题研讨活动,通过构建区、片、校三级教研网络,开展了丰富多彩的党史教育专题系列研讨活动,将党史教育融入小学道德与法治课堂当中。具体体现为线上线下共研磨,夯实学校德育课堂主阵地;专家引领助成

长，学区片同课异构促提升；道法赛课竞风采，搭建区级教研交流平台。通过开展丰富多彩的研究活动以及通过区、片、校三级教研网层层推进，将学校党史教育落实落地，让党史教育丰富起来，提升了道德与法治课的思想性、政治性，引领学生从百年党史汲取力量，用红色文化补钙铸魂！

东湖开发区光谷十七小叶青老师分享了小学《道德与法治》教材中革命传统内容教学的思考与实践。为了让红色基因共传承，道法课堂润童心，她提出了三点建议：(1)经纬交织，拓展教学时空。理清经线，以时间为节点纵向联系，铺设纬线，以事件为素材横向拓展。(2)增强体验，把握时代的脉搏。积极创设情境，调控学生情感，通过互动帮助学生理解运用。(3)开展活动，注重能力的培养。

四、人民教育出版社综合文科室富兵主任讲话

富兵主任高度肯定了今天的活动，对武汉市道德与法治学科扎实有效推进统编教材中党史主题教育研讨工作给予赞赏。她指出，党史学习教育，学校是主阵地，课堂是主渠道，老师是主力军，尤其是思政课教师要肩负起应有的历史使命与时代责任。党史学习教育的意义归纳为三个"必然要求"：是牢记初

心使命、推进中华民族伟大复兴历史伟业的必然要求；是坚定信仰信念、在新时代坚持和发展中国特色社会主义的必然要求；是推进党的自我革命、永葆党的生机活力的必然要求。最后，她希望学校、老师也要重视学习"新发展理念"，进一步认识新发展理念的重大意义，立足当前、着眼未来，继续沿着正确的发展方向奋力前行。

本次活动只是武汉市道德与法治学科"学党史强信念跟党走"党史教育活动的缩影，我们将不忘初心、砥砺前行，上好每节思政课，带领学生从小学党史、永远跟党走。

学党史　强信念　跟党走

——武汉市小学统编《道德与法治》教材党史主题教学观摩研讨活动

　　为加强武汉市小学生"四史"学习教育，做到学史明理、学史增信、学史崇德、学史力行，引导小学生坚定不移听党话、跟党走，让红色基因、革命薪火代代传承，2021年6月17日上午武汉市小学道德与法治"学党史强信念跟党走"主题教学观摩活动于洪山区第二小学顺利举行。

　　此次活动采用线上线下相结合的方式，受到了武汉市教育学会小学品德与生活(社会)教学专业委员会及武汉市王淑芳名师工作室、洪山区教育科学研究院的大力支持。参加活动的领导、专家有：人民教育出版社综合文科室主任富兵，武汉市教科院工会主席、小学教科院主任谢琼、武汉市道德与法治教研员孙玮、洪山区教育局副局长张虹、教科院院长叶芳、小教科科长王淑芳、教科院主任李莉、道德与法治教研员黄莹及全市各区小学道德与法治教研员。全市各区道德与法治骨干教师于线上线下齐聚盛会。

一、殷切期望

武汉市道德与法治教研员孙玮老师主持了此次活动。

随后，武汉市教科院工会主席、小学教科院主任谢琼发表了讲话。

接下来，武汉市洪山区教育局副局长张虹致辞。

二、研讨课观摩

洪山区第二小学叶超老师执教。

首先，我校青年教师叶超展示了一节精彩课例——部编版小学《道德与法治》五级下册第12课"改革创新谋发展"。叶超老师紧扣教材、紧跟时代，重点围绕改革开放以后我国在精神和物质文明方面取得的卓越成就展开，引导学生感受中华民族从富起来到强起来的伟大飞跃，并最终回归生活，回归到每一

个少年的中国梦。叶老师结合新课标要求，大胆创新，教学方式灵活多样激发了学生的民族自豪感。课堂上孩子们精神饱满，学习积极性高涨。

瞧，505班的孩子们在课堂上真积极！精彩的发言、自信的姿态让听课老师赞赏不已。

汉南区纱帽山中心小学熊心老师执教。

　　第二节课由汉南区纱帽山中心小学的熊心老师和502班的慧童们合作完成了"开天辟地的大事"这一课的学习。熊老师在课堂上带领学生，走进历史长河，让学生在中国的屈辱历史中，感受中国共产党的成立之后，给人民带来的翻天覆地的变化。增强学生的民族自信和自豪感。

整节课上，慧童们积极和老师互动，妙语连珠，时时迸发出智慧的火花，值得称赞。

三、专家讲座

两节观摩课后，人民教育出版社综合文科室富兵主任对此次活动的顺利开展以及两位老师的精彩执教给予了高度肯定，并作了主题报告。富主任指出思政老师一定要厘清教材逻辑，把握核心观点，找准定位、确定目标，强调德育课程一定要落实社会主义核心价值观教育，既要讲出大格局，又要精准入心。最后，富主任精辟总结，鼓励思政老师"聚焦主题，找准难点，放开手脚，大胆探究"。在场的老师们受到了极大的鼓舞。

四、微讲座分享

随后，江汉区小学教研室教研员刘莹莉进行了以"'四史'进课堂　厚植爱国情"为主题的微讲座。刘老师从"什么是'四史'""为什么学'四史'"以及"怎么学'四史'"这三个方面进行了探讨交流，提出了明确教材价值、做好目标定位的重要性。最后，刘老师指出德育教师要胸怀"两个大局"、心怀"国之大者"，树立正确的历史观、大局观、角色观、时空观，这样我们才能做出新的更大贡献！

五、砥砺前行

武汉市道德与法治教研员孙玮老师对活动进行了总结并对参加活动的老师们提出希望："立足思政课主阵地，做党史教育的排头兵，是时代赋予每一位小学道德与法治老师的一项光荣使命和神圣的职责。希望各位老师按照立德树人的要求，引导广大青少年儿童树立共产主义理想，热爱中国共产党，从小听党话，自觉跟党走。"

半日时光，转瞬即逝，分外充实。由武汉市教育学会小学品德与生活(社会)教学专业委员会主办，洪山区第二小学承办的党史主题教学观摩探讨活动让每一位参会老师满载而归，相信我们的思政老师一定会紧跟时代的召唤，以中国共产党百年奋斗历程积累的精神遗产为动力，加强"四史"学习，努力培育社会主义建设者和接班人。

凝心聚力谋道法新径　如切如磋展教研多姿

——武汉市教育科学"十三五"规划重点课题"小学道德与法治课程实施中法治教育实践研究"研讨活动简讯

　　为推进小学《道德与法治》统编新教材的有效实施，落实法治教育的精神，促进教师以法治意识为导向的教学实施，2019年6月14日上午由洪山区教育科学研究院教研员黄莹老师牵头承办的武汉市教育科学"十三五"规划重点课题"小学道德与法治课程实施中法治教育实践研究"研讨活动暨王淑芳名师工作室展示活动在洪山区广埠屯小学和平分校报告厅开展。在武汉市道德与法治学科教研员孙玮老师以及洪山区教研员黄莹老师的共同组织下，特邀武汉市道法特级教师王淑芳名师工作室成员以及全市的三百余名道法教师共同参加了本次活动。

　　按照市教研室统一部署与安排，本次教学研讨活动由"现场展示""交流分享"与"专家点评"三个环节组成。首先是洪山区教研员黄莹老师指导的广埠屯小学和平分校汤黎老师执教了统编教材一年级下册"让我自己来整理"。汤老师通过活动体验"百宝箱"让学生们和学习、生活用品交上了朋友。接着以"亮亮橡皮哪去了"引入，让学生回望自己的生活经历，使学生感知到整理真重要。随后在分享整理书包交流方法中，学生们了解到了可以借助例如文件袋等小帮手帮助大家整理。然后，就是学生们最感兴趣的环节——平板玩转"整理房间"的游戏，把不可能整理的家庭空间通过互联网信息技术搬到了课堂。同学们明白了整理的重要，享受到了整理的乐趣，愿意自己动手去整理。

　　第二节课，由洪山区教研员黄莹老师指导洪山区第一小学何苏舒老师执教统编教材二年级下册"小水滴的诉说"。何教师通过让学生猜声音引入小水滴的形象，拉近了学生与水滴的距离。在让学生感受水之稀少时，通过"分水体验"活动一步步使学生明白能被人类利用的淡水资源少之又少，需要人类珍惜，激发了学生的社会责任感。最后通过"小水滴"遭遇不幸后的诉说，激发学生爱惜水的情感，同时引导学生有创意地珍惜水、节约水，养成节约用水的好习惯。

两节课后，在区教研员黄莹老师指导下，王淑芳名师工作室成员刘会率领自己工作室的四位老师从"观念之变""角色之变""技术之变"三个方面开展教研沙龙。刘会老师指出，道德与法治教育是心根教育，法治教育不仅是让学生了解一些法律知识，它更重要的是传达法治理念，让学生对法律有亲近感，在学生心中根植遵循规则、享受权利的种子。张莎莎老师认为道德与法治课程教师要将学生思想认识的提升作为教学的重中之重；魏敏毅老师认为向生活学习是低段道德与法治课重要的学习方式，这门学科正好内在于生活，生活之中蕴含法治，法治与德育相辅相成；王靓老师认为道法教师要利用好信息技术这把利器，化抽象为形象，创设更加真实有趣的情境。

辩课结束后，王淑芳校长也谈了自己对道德与法治课程中实施法治教育的思考。她从"学思用贯通、知信行统一""道德教育与法治教育相互渗透、相互融合，相互启发""重建学校法治教育生态"三个方面谈自己的想法。她指出法治教育就是在学生中普及法律常识，提升法律意识，提升运用法律的能力。作为道法教师，要实现学习方式的变革。在学习中，夯实法治理论功底，提升法治修养。把读宪法、践行社会主义核心价值观作为自己的一种生活习惯、生活态度和精神追求。

活动最后，武汉市道德与法治学科教研员孙玮老师对两节课内容进行点评，并讲解道德与法治课教学设计的几个关键。孙老师指出道德与法治课主要是引导学生，让学生用道德的情怀，法治的思维，去过更幸福的人生。而过幸福生活的能力与道法课的教学设计息息相关。首先，教学设计时备学生永远是教学的起点和关键。教师要了解学生，研究学情。其次，教师要备教材。教师要钻研教材，既能"钻进去"、又能"跳出来"。再次，教师要备教学法。要关注到了学生成长点。第四，教师要备课件。利用学生身边事，创设问题情境，引导学生发现和成长。最后她指出，道法教师要立足于课堂教学，捕捉自己或其他教师课堂中的闪光点，举一反三，不断钻研。让课堂向一英寸宽、一英里深迈进，上出更有深度的道德与法治课。

　　本次主题教研活动在武汉市教研员孙玮、洪山区教研员黄莹的精心组织及指导下取得了圆满成功，不仅促进了教师专业成长，同时，通过专家的高站位引领，助推了全市道德与法治教师对于"小学道德与法治课程中实施法治教育实践研究"培育以及研究路径的深入理解与思考，对于后续的研究与实践奠定了坚实的基础。

　　活动结束后，市区教研员、王淑芳名师工作团成员以及广小和平分校领导亲切合影留念。

聚力学科教研　让党史课走进学生内心

——洪山区小学道德与法治党史教育专题系列研讨活动剪影

洪山区教育科学研究院　黄莹

为了贯彻落实市、区教育局关于"加强武汉市小学生"四史"学习教育"工作要求，今年我们区道德与法治教研围绕"党史教育进课堂，立足教研提质量，把党史课上进学生内心"这个重点专题进行研讨，借力本次我区承担的市党史教育专题研讨活动，通过我区构建的区、片、校三级教研网络，开展了丰富多彩的党史教育专题系列研讨活动，将党史教育融入小学道法课堂当中。

一、线上线下共研磨，夯实学校德育课堂主阵地

本学期开学初，我区接到市教科院小学教研室关于党史教育专题研讨课任务，初步决定由洪山实验小学道法骨干教师张莎莎及洪山二小年轻教师叶超承担，执教内容为五年级下册第三单元"富起来到强起来"第一个话题改革创新谋发展。洪山实验小学接到任务后迅速行动，迎难而上，在学校张同祥校长的带领下，由区学科带头人学校书记邓丽、区名师工作室主持人刘会、道法新秀张雪梅老师等组成的党史课研究智囊团，和张莎莎老师一起进入学习改革开放史、深入研读教材和初步试教阶段。

在小学的党史课堂中，如何避免知识碎片化、生硬式地传授，打造出学生乐于参与、有感染力的课堂，是团队遇到的最大难题。通过线上研讨，线下磨课，他们三次修改教学方案，逐渐明晰了教学方向。

与此同时，洪山二小的校园中，党史教育专题研讨活动也正开展得如火如荼。为了探索出形式多样、生动有趣、学生喜爱的党史课，在学习洪山实验小学第三版教学设计的基础上，洪山二小接力研讨，道法新秀曾美玲老师和执教不足三年的年轻教师叶超"同上一节课"，分享同课异构带来的不同课堂体验。

二、专家引领助成长，学区片同课异构促提升

为进一步引领学校的改革史课题研究活动走深走实，我们邀请省市专家入校指导，邀请湖北省道法课特级教师、部编版《道德与法治》核心编写者孙民

老师和武汉市道法教研员孙玮老师到洪山实验小学、洪山二小为课题研究活动小组成员讲解改革史的重大意义，同时指导执教教师在教学中关于历史话题如何顺着历史脉络，遵循学生认知规律，贴近学生生活，彰显学科历史话题的教学特点，让学生感受到改革开放的过程中中国的飞速发展，加深对祖国和中国共产党的热爱。

　　时间来到了五月初，历经了专家悉心指导、反复试教和多次研讨后，我们的教学方案也进行到了第七稿，贴合学生学情、历史味浓、脉络清晰又重点突出的党史课堂即将呈现……

　　然而，课堂是不完美的艺术，党史教育更要求精益求精。针对多次试教过程中出现的部分生硬、不够流畅、脱离学生生活等问题，市教研员孙玮老师提出了更高的试讲要求。我又组织洪实小与二小的道法团队共聚一堂，专注于每一个细节环节，又进行了多次集中研讨。

　　同课异构，张莎莎老师的授课与叶超老师的说课并进，教研成效显著。

　　同课异构，思维的碰撞更是呈现出了多样化的党史课堂。

教案进行到了第十稿，精雕细磨的党史课终于呈现出行云流水的样子，学生的积极参与和专家的高度评价给了我们区莫大的鼓励。张莎莎老师和叶超老师也将带着这节党史课分别参与武汉市党史教育专题研究活动和"湖北好课堂"的录课。

三、道法赛课竞风采，搭建区级教研交流平台

2021 年 5 月 20—25 日，在洪山区教育局基教科组织领导下，区传统的两年一届"进取杯"道法学科优质课比赛在珞狮路小学如期进行。为庆祝党的百

年华诞，落实"学习百年党史，传承红色文化"主题教育活动，此次我区"进取杯"道法学科赛课授课内容，紧紧围绕党史教育进行，为党史教育专题研讨提供了交流平台。

课本五年级下册第三单元"百年追梦　复兴中华"，从中国饱受屈辱到民族觉醒，从中国共产党的诞生到领导抗日战争、解放战争的胜利，从中国人民站起来到中国人民富起来、强起来，系统介绍了近现代中国艰难险阻、玉汝于成的觉醒史和抗争史。参赛教师围绕着"党史进课堂"的教学主题，展示出了不同的执教风采，充分展现了道法课的学科特点。

目　录

　　一场精彩的赛事离不开专业评委们的把关和指导。此次赛课，充分发挥课程主渠道的作用，把党史学习教育和学科知识有机结合，使教师和学生从党史中汲取奋进力量。同时也为教师们搭建了展示学习、切磋交流的平台，促进了洪山区道法学科教师的专业成长。

　　通过开展以上丰富多彩的研究活动以及区、片、校三级教研网层层推进，将我区学校党史教育落实落地，不仅优化了道法课程"菜谱"，让党史教育丰富起来，而且还提升了道德和法治课的思想性、政治性，引领学生从百年党史汲取力量，用红色文化补钙铸魂。

"进取"论教　循"道"蹈"法"

——记洪山区第十七届"进取杯"道德与法治优质课决赛

闵　婕

　　清渠如许，源头使然；教育长河，绵延不绝。经过前期各片区的激烈角逐，2021 年 5 月 20—25 日，洪山区第十七届"进取杯"道法学科优质赛决赛在珞狮路小学如期进行。

　　5 月 20 日，教科院叶院长、李书记莅临珞狮路小学赛点视察，了解赛事具体安排，对赛点校保障工作给予指导和肯定。

　　此次决赛历经 4 天，来自东、南、中、北四个片区的优秀教师分为名师组、骨干组和新秀组，带来了 19 堂精彩纷呈的道法优质课。

　　19 位参赛教师围绕着各自的教学主题，展示出了不同的执教风采，充分展现了道法课的学科特点。她们用亲和的语言、丰富的教学内容、巧妙的教学设计、精湛扎实的教学素养，调动了学生的学习兴趣，提高了学生的德育认知，激发了学生的道德情感。

名师组教师沉稳睿智，循循善诱，带领学生用辩证眼光审视世界文明。

为庆祝党的百年华诞，落实"学习百年党史传承红色文化"主题教育活动，骨干组教师精心构思，巧妙融合党史教育，引导学生进一步坚定理想信念，传承红色基因，让初心代代相传，把使命永担在肩。

新秀组教师聚焦学生日常生活，把知识和道理传递心间。

一场精彩的赛事离不开专业评委们的把关和指导。比赛时，他们认真聆听，实时记录，即时评分；赛课后，他们回顾课堂，积极研讨，深入总结，成为一道靓丽的风景线。

此次赛课，充分发挥课程主渠道的作用，把党史学习教育和学科知识有机结合，使教师和学生从党的非凡历程中汲取奋进力量。同时也为教师们搭建了展示学习、切磋交流的平台，促进了洪山区道法学科教师的专业成长。

洪山区小学第十六届"进取杯"
学科素养比武纪实

2020年5月5日,"五一"小长假刚过,洪山区第十六届"进取杯"小学道德与法治学科素养比赛应约而至。本次素养大赛由洪山区教育局主办,洪山区教科院、洪山一小共同承办。洪山区教科院道法教研员黄莹老师、洪山区第一小学校长王淑芳、副校长叶建华亲临现场,为老师们加油鼓劲。

上午9时,洪山一小报告厅聚集了来自洪山片区各个小学的品德学科的精英教师,本次素养比武分为新秀组与骨干组同时进行,偌大的场地里,老师们个个精神抖擞,严阵以待。比赛开始了,老师们以笔为剑,思绪与清风齐舞,字迹共脉息轻唱。时秒不淹,比武在老师们对比赛的投入中不知不觉结束了。

本届的"进取杯"教学比武较以往的比赛增加了学科素养考试,每个学科的考核内容各有千秋,就道德与法治学科来说,不仅考查老师对课程标准的掌

握情况，还对学科的相关知识进行了全面的检验。通过学科素养考试，老师们对课程有了更深的理解和认识，我们相信在未来的教育教学中，老师们会心中有目标，前进有方向。

据悉，洪山区教育局进取杯赛已走过30个年头，能坚持下来办成与时俱进的盛赛、老师们以课会友的平台十分不易。今年的"进取杯"是第十六届，是洪山区教育局持续推进小学课堂教学改革工作，是促进教师专业化发展、打造一支专业素养高、教学能力强的骨干教师队伍展示"互联网+"背景下洪山区小学课堂生态重构的成果，不断提高课堂教学效率和教学水平，深入推动学区和集团化建设，全面提高教学质量，推进教育优质均衡发展的一次举措！

党史教育进课堂 道法赛课竞风采

——记洪山区第十七届"进取杯"道德与法治优质课决赛

闵 婕

恰逢进取决赛，喜迎建党百年。2021年5月20—25日，洪山区第十七届"进取杯"道法学科优质赛决赛在珞狮路小学如期进行。

5月20日，教科院叶院长、李书记莅临珞狮路小学赛点视察，了解赛事具体安排，对赛点校保障工作给予指导和肯定。

为庆祝党的百年华诞，落实"学习百年党史传承红色文化"主题教育活动，引导学生进一步坚定理想信念，传承红色基因，此次"进取杯"道法学科决赛授课内容，紧紧围绕党史教育进行。

课本五年级下册第三单元"百年追梦复兴中华"，从中国饱受屈辱到民族觉醒，从中国共产党的诞生到领导抗日战争、解放战争的胜利，从中国人民站起来到中国人民富起来、强起来，系统地介绍了近代中国艰难险阻、玉汝于成的觉醒史和抗争史。参赛教师围绕着"党史进课堂"的教学主题，展示出了不同的执教风采，充分展现了道法课的学科特点。

老师们用亲和的语言、丰富的教学内容、巧妙的教学设计、精湛扎实的教学素养，调动了学生的学习兴趣，提高了学生的德育认知，激发了学生知史爱党、知史爱国的道德情感。老师们还充分利用武汉市优越的本土条件，讲活历史故事、用活红色资源，将"四史"教育融入道法课堂，化抽象理论为具体实践，化被动学习为主动学习，让初心代代相传，把使命永担在肩。

此次担任评委工作的三位老师是：武汉市教科院道德与法治学科教研员孙玮老师，武汉市道德与法治特级教师孙明老师，洪山区教科院道德与法治教研员黄莹老师。比赛时，评委们认真聆听，实时记录，即时评分。赛课后，评委们回顾课堂，积极研讨，深入总结。

此次赛课，充分发挥课程主渠道的作用，把党史学习教育和学科知识有机结合，使教师和学生从党的非凡历程中汲取奋进力量。同时也为教师们搭建了展示学习、切磋交流的平台，促进了洪山区道法学科教师的专业成长。

以研促教，且研且进

——记洪山区道德与法治线上教研活动

以研促教，且研且进。11 月 6 日上午，沿袭疫情期间线上教研的传统，基于腾讯会议的平台，洪山区组织与开展了道德与法治线上教研活动。全区道德与法治四、五年级教师，以及区骨干中心组成员参与了会议。

会议开始，大家首先观看了由洪山实验小学张莎莎老师执教的"健康看电视"第一课时的录播课。张莎莎老师教态亲切大方，语言自然流畅，问题设置层层递进，学生课堂参与度高，教学活动的设计更是十分精彩，受到了专家老师的高度评价。

接下来，大家集体观看了由武珞路小学石牌岭分校王靓老师执教的"班委选举有程序"第二课时录播课，王靓老师的教学环节形式新颖，充分体现了教学的开放性和互动性，其中出色的教学设计更是使得课堂氛围十分活跃，高潮迭起。两位老师的课精彩纷呈，令人叹为观止，在此也特别感谢两位老师的辛勤付出。

会议第二项，由洪山实验小学校党委书记邓丽以及区"名师工作室"主持人刘会对两位老师的录播课进行点评。在评课环节，两位专家纷纷点赞，充分

肯定了老师们的付出。

邓书记首先对张莎莎老师教学目标的设置给予了高度评价，认为其教学目标的设置十分科学合理，既兼顾了三维目标，也符合学生的年龄特点。而教学内容的设计更是体现了活用化和生活化，课中的导入、探学、评价以及课末总结环节均是基于学科核心素养的落实而开展。同时，邓书记也对老师们提出了殷切寄语，指出老师们在教学中要做努力到教学内容深度化和教学方法优选化，以此才能进一步促进课堂教学中学科核心素养的落实。

紧接着，刘老师分别就课堂教学目标的设计与达成，教师教学行为、教学方式等方面，对王靓老师执教的"班委选举有程序"一课进行了精准细致的点评。刘老师指出，王靓老师教学活动的设计十分精彩，教学环节形式新颖，整个教学过程中无不体现着对学科核心素养落实课堂教学的重视，是一节真正的优质课。

会议第三项，由洪山区教育科学研究院教研员黄莹组织省级课题——"小学道德与法治课程中基于核心素养落实法治课堂教学的策略研究"的研讨工作。黄老师分别就课题的问题提出、研究意义、概念界定、国内外研究现状、研究目标、内容、重点、创新点研究的思路和方法、研究步骤及可行性等八项内容进行了详细的介绍，与会老师纷纷表示受益匪浅。

　　课堂是新课程改革的主阵地，也是落实培育学生核心素养的主干线。基于核心素养视角下的道德与法治教学设计作为新课程改革的一项重要研究，需要每个道法老师紧跟时代的步伐，躬身前行，积极探索。相信依托本次省级课题的研究，以及在黄莹老师的带领下，边教学，边探索；边实践，边研究，我们道德与法治的课堂教学定能更上一层楼！

学党史，铸信仰，上好思政课

——洪山区道法教研员黄莹下校指导活动纪实

学党史，铸信仰；办实事，开新局。为了上好党史思政课，将党史教育更好地融入道法课堂中，6月2日上午，洪山区道法教研员黄莹莅临洪山实验小学进行指导。在黄老师的带领下，我们以"富起来到强起来"为例，采取同课异形的方式，开展了党史教育专题研讨活动。校长张同祥、副校长吴迪、市学科带头人刘会主任等参与研讨。

首先，由洪山实验小学张莎莎老师执教"富起来到强起来"第一课时——"改革创新谋发展"。张老师教态亲切大方，语言自然流畅，教学设计层层递进，充分体现了道法课堂的情境性和互动性，受到了专家老师的充分肯定。

接下来由洪山区第二小学叶超老师进行说课。叶老师的说课主次分明，条

理清晰，内容充实；对于教材解读，教学目标和重难点的掌握十分到位，对于"党史课"应该教什么、怎么教也有着独到的见解。

在评课环节中，黄莹老师首先肯定了两位老师的辛勤付出。老师们准备充分，授课以及说课的过程更是行云流水，足见所下功夫之深。她指出，上好党史思政课至关重要，而将党史教育融入小学道法课堂中更是一件不容易的事。其中，教师不仅要有大历史观，用大问题、大视角引领党史学习；更应使教学设计贴近学生的生活，将教学重点放在学生情感、态度价值观的形成方面。

道法课堂是落实党史宣传教育的主阵地，也是培养学生爱党爱国精神，树立时代主人翁意识的主干线。上好党史思政课，将爱党、爱国的信念深植学生

的幼小心灵当中，需要每位道法老师紧随时代的步伐，躬身前行，积极探索。相信在黄莹老师的带领下，我们边教学，边探索；边实践，边研讨，定能不负时代所托，打磨出真正优质的党史教育课！

思政教育在儿童生活中的融合和渗透

——洪山二小承办洪山区道德与法治教材教法报告

为了提高小学思政教师理解和把握新教材的能力，熟悉低年段《道德与法治》统编教材的内容与特点，提高教学质量，区教科院于 2019 年 3 月 22 日在洪山区第二小学开展了全区小学道德与法治教材教法报告活动。

小学二年级《道德与法治》新教材的编写是按儿童的生活路径，以儿童的成长与发展的生活逻辑为核心设计的。教材的主体是儿童，教材的内容是儿童的生活。洪山二小曾美玲老师执教的"小水滴的诉说"一课，将学校"慧创"教育理念渗透到教学设计中，充分挖掘学生的生活体验，通过情境创设、动手实验等多种活动形式，以可爱的小水滴这样一个童趣化的形象贯穿课堂始终，引导学生了解水资源的宝贵，初步养成珍惜水、爱惜水的良好品质。曾老师利用多媒体教学设计课件，使单调枯燥的教学课堂变得丰富多彩、生动有趣。除此之外，教师充满激情的语言以及亲和的教态拉近了学生与老师间的距离，让学生把学习当成了一种兴趣。曾老师在课上还充分利用了"v校慧童手环极速评价"对学生在课堂上的表现进行多元、全面、便捷的评价，极大调动了学生的学习积极性，大大提高了课堂教学的实效性。

武珞路小学石牌岭分校王靓老师执教的"可爱的动物"一课，以"我喜欢的动物"为切入点，引发学生的共鸣，让学生有话可说，在此基础上，引导学生深入交流自己与小动物之间的小故事，加深对"动物是人类的好朋友"的认同感。"怎样才是真喜欢"这个话题，在对各种与动物共处的行为方式进行后果推测基础上，探究如何避免将对动物的喜爱变成伤害，以"自由与被困小蜻蜓"的小游戏将课堂氛围推向高潮。整个课堂极具生活气息和浓浓的趣味性，孩子们童趣稚气的回答显得课堂氛围十分温馨与活跃。

接着，武珞路小学王雪芹主任从二年级下册《道德与法治》教材解读和教材中法治内容的解读两方面出发，从教材编写意图、教材编写特点到单元解读、教学建议，由整体到具体，由理论到实践操作，全方位地对二年级下册教材进行了深入阐释与指导。

广埠屯小学湖工分校张莎莎主任所做的关于低段《道德与法治》教材培训的讲座，为各位道德与法治科任老师分析学情解决疑惑。张主任对每一单元进行了教材编写意图解析、教学建议分析、重点课文仔细讲解，为在座教师指明了教学方向。张主任也指出，要与时俱进，擅用社会实时资源，紧密联系日常生活，将教材和学生的生活结合起来，灵活使用教材。

最后，教科院黄老师对两位执教老师的课进行了点评，对本次教材教法报告活动进行了总结，指出了道德与法治教育就是生活的教育，课堂上学生的生成要体现学生的自我思考与成长，道德与法治课程要重视法治教育与对生活的指导相互渗透和融合。

经过此次培训，加深了老师们对《道德与法治》部编教材的理解。同时，新教材的改革对老师提出了更高的要求，鞭策老师们不断探索，不断进步。

"博采众长齐交流　凝聚智慧促提升"

——记洪山区统编版道德与法治课程教研活动

　　道德与法治课，是一门在学生认知范围内进行法治教育，从而规范学生的行为、培养高尚品格，帮助学生树立正确的人生观和价值观，促进整个社会道德发展的课程，它来自于品社课又有别于品社课，这给教师们带来了不小的挑战和困惑。

　　2020年11月21日，"小学道德与法治课程中基于核心素养落实法治教育课堂教学的策略研究"专题研讨暨洪山区统编版道德与法治研究课展示活动在卓刀泉小学开展。洪山区教科院教研员黄莹老师、卓刀泉小学校长叶维文、华师附小副校长甘爱民及全区道德与法治学科教师参与活动，整个活动由胡云风老师主持。

　　来自武汉理工大学附属小学的孙礼平老师执教了"生命最宝贵"。孙老师用视频和现场连线采访家长的方式展示了生命孕育和诞生的过程，使学生们感受到母亲的不易，大家纷纷分享了成长中感人的故事，有的学生情不自禁地落下热泪。孙老师还设计了让同学们反背书包在胸前做各种动作的活动环节，同学们更直观地体会到了母亲怀胎十月的辛苦。通过这节课，学生们更加深刻地体会到了生命的宝贵，也在潜移默化中懂得了一些安全知识和珍惜生命的重要性。

卓刀泉小学陈文茜老师带来了"变废为宝有妙招"一课。陈老师用视频呈现出垃圾带给我们环境和生活的危害，引导同学们思考如何减少垃圾，并引出时下热门的垃圾分类问题。陈老师首先用一杯珍珠奶茶给学生们出了"难题"，学生们纷纷踊跃发言，各抒己见，随后，又以小组为单位展开模拟垃圾分类的游戏活动，各小组积极响应，展开了激烈的比拼，小组代表的发言有理有据又充满童趣，引得在场的各位忍不住偷笑。陈老师还展示了学生们变废为宝用垃圾手工制作的工艺品，分享了利用厨余垃圾制作酵素的生活小妙招，引导学生树立环境保护意识。

　　随后，来自区内五所学校的几位老师分享了教学策略沙龙，老师们点评了本次展示的两节课程，并分享交流了自己对于道德与法治课的认识、见解与心得体会，明确了道德与法治课要以多样化的主题活动为契机，让学生在法治活动中，提升法治能力。

最后，洪山区教研员黄莹老师进行了总结性的发言。她认为此次教研活动开展得扎实，对执教老师和参与沙龙活动的五位新秀教师表示了肯定，并强调了道德与法治课是一门体现国家意志的课程，突出了道德与法治课的重要性。她指出了四点在道德与法治课的教学中需要注意的问题：教学要对接儿童生活，上接天线，下接地气；要关注教学活动体验，精心设计活动环节；及时补充具有时代感和生活气息的素材，体现课程的开放性，上出课程的宽度、厚度；要处理好知、情、行的关系。

本次研讨活动的开展搭建了教师展示交流的平台，促进了课程资源的共享共学，以研促教，提升了教师专业化成长。相信，在今后的道德与法治课堂中将有更多的思维碰撞，激起更多的智慧火花。

实验基地学校开展专题教育实践活动纪实

　　广埠屯小学和平分校在迎建党 100 周年之际，开展了"学党史·育新人·唱诵红色旋律"主题教育实践活动。全校师生一同以唱红色歌曲、讲红色故事等多种形式开展学习党史活动。

　　为了广泛开展垃圾分类的宣传、教育和倡导工作，使青少年了解垃圾对社会生活造成的严重危害，促进青少年树立垃圾分类的环保意识，洪山区广埠屯小学和平分校开展了垃圾分类科普讲座班会课。课后，学生们小组合作，制作垃圾分类小报，共同布置教室。

广埠屯小学和平分校通过升旗仪式国旗下讲话、课堂授课、网络宪法知识答题等方式，让学生们了解《宪法》，从而能够达到知法、懂法、遵法的目的。

　　"党史大家讲"教育实践活动帮助师生、家长、社会相关人员了解党史，宣传伟大祖国的光辉历程，唱响时代主旋律，进一步接受党的初心使命、性质宗旨、理想信念的生动教育，做到学史明理、学史增信、学史崇德、学史力行，在党的百年伟大征程中汲取前进的智慧、奋进的力量。

　　2020年9月，广埠屯小学湖工分校发挥党建带团建、队建的积极作用，开展"整治环境，清洁家园"社区服务活动，不仅增强了广大师生卫生意识和防病能力，也改善了周边社区环境卫生质量，为疫情防控发挥基础性作用。

　　2021年3月31日，广埠屯小学湖工分校党员、团员、少先队员代表到武汉市伏虎山烈士陵园，举行"缅怀革命先烈，重温革命历史"的清明祭扫活动，深切缅怀为民族独立、人民解放和国家富强、人民幸福献出自己宝贵青春乃至生命的革命英烈。

2021 年 9 月推广普通话宣传周期间，广埠屯小学湖工分校开展了主题为"普通话诵百年伟业，规范写字新时代"系列推普周活动，小小推普员们走进社区、走上街头，向市民分发推普手册，为社区居民们详细解读语言文字规范，以恳切的言语、真诚的笑脸，积极改善周边社区语言氛围。

　　2021年，同学们利用课余时间，积极走访红色基地。响应习总书记对党员及新时代少年儿童的要求，增强少先队员自律意识，寻找历史足迹，传承红色基因，给新时代少先队员增强使命感和责任感。

党史微学堂活动是由洪山实验小学党员教师发起的一项党史宣传活动，党员教师深入课堂讲解党史，让红色传承浸润到孩子们的心中。

　　党史演讲比赛是洪山实验小学组织的学习百年党史系列活动之一，由学生自发报名参加，在这个过程中孩子们更加体会到党史的厚重与辉煌。

　　"红色课本剧——赵一曼"是由洪山实验小学的党员教师李萍萍带领孩子们创编的戏剧节目，旨在让孩子们学习革命先烈英勇不屈的精神。

　　"向着阳光奔跑，献礼 100 周年"是洪山实验小学开展的以庆中国共产党建党 100 周年的运动会，让党史学习为运动增辉，让运动为党史学习喝彩。

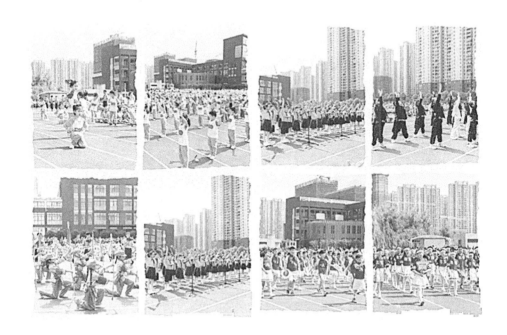

在 2021 年的少先队建队节中，洪山实验小学邀请了先锋毛兰成为孩子们宣讲，让孩子们近距离地接触先锋人物，从小学先锋，长大做先锋。

和平分校学生作业——绿色出行宣传图

洪山实验小学学生党史作业活动作业——我的偶像是先锋

 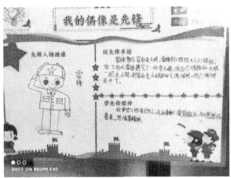

洪山实验小学学生庆建党百年学生作品

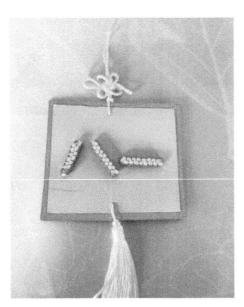

广埠屯小学湖工分校学生作品——宪法小报

鲁巷实验小学学生作品——法治教育宣传

鲁巷实验小学学生作品——环保作品

武汉小学金地学生作品

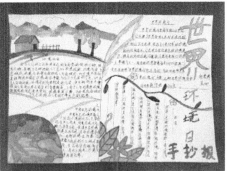